Adolph von Menzel · Reiseskizzen aus Preußen

DEUTSCHE BIBLIOTHEK DES OSTENS

Herausgegeben
von
Karl Konrad Polheim und Hans Rothe

Nicolai

ADOLPH VON MENZEL

Reiseskizzen aus Preußen

Herausgegeben
von
Marie Riemann-Reyher

Nicolai

In Verbindung mit der Kommission zum Studium der deutschen
Geschichte und Kultur im Osten an der Universität Bonn

© 1992 Nicolaische Verlagsbuchhandlung Beuermann GmbH, Berlin
Lektorat: Carolin Hilker-Siebenhaar, Katrin Wiethege
Umschlagbild: Adolph von Menzel, Abendstimmung auf der
Marienburg (Ausschnitt), 1897; Kupferstichkabinett – Sammlung
der Zeichnungen, Berlin
Satz: Mega-Satz-Service, Berlin
Druck und Bindung: Passavia GmbH, Passau
Alle Rechte vorbehalten
Printed in Germany
ISBN 3-87584-396-7

Von Breslau nach Berlin
Menzels Herkunft
1830

Menzels Leben und Werk, das fast ein ganzes Jahrhundert lang währte, ist nicht vorstellbar ohne Preußen. In der Rückbesinnung auf dieses Land, das es erst kurze Zeit nicht mehr gibt, mag es verwundern, nach seinem geographischen Ort zu fragen. Jedoch erscheint diese Frage berechtigt, denn: Hat sich auch die Territorialgestalt vieler osteuropäischer Länder in der Vergangenheit verändert, so prägte sie dennoch Charakter und Wesen der Menschen, die hier ihre Wurzeln hatten. Zu ihnen gehört Adolph Menzel – er stammt aus Schlesien.

Preußen war einst ein großes Staatengebilde, das sich selbst schuf und selbst zerstörte. Es machte den mächtigsten Teil Deutschlands aus und schien beinahe das ganze zu sein. Eigentlich bestand es aus zwei Teilen, einem großen ländlichen im Osten von der Elbe bis zur Memel und einem kleineren industriereichen im Westen bis jenseits des Rheins. Von der bescheidenen Mark Brandenburg aus hatte sich der Adler erhoben, und drei westliche und fünf östliche Provinzen erstreckten sich unter seinen Schwingen. Nach den letzten Siegen war Preußen zu einem großen Staat – bestehend aus zwölf Provinzen – in Deutschland angewachsen.

1844 zeichnete Menzel acht repräsentative, brillant ausgeführte Kreideblätter nach Plastiken des Bildhauers Friedrich Drake, die die acht preußischen Provinzen darstellen. Die nach dem Typus der antiken Stadtgöttin Tyche geschaffenen überlebensgroßen weiblichen Figuren hatte Drake anläßlich der 1844–46 vollzogenen Verschönerungsbauten des Thron-

Angeschnittenes Selbstbildnis. 1876/77

saales im Berliner Schloß, des sogenannten Weißen Saales, für die Nischen der Voute geschaffen. Vier von ihnen, die Provinzen Brandenburg, Pommern, Preußen und Schlesien, verkörpern als Leitbilder Menzels Beziehungen zum östlichen Deutschland. In vielfältiger Weise spiegelt sich der Osten als Inbegriff Preußens in seiner Kunst. Sie zeugt von dessen Historie und Landschaften, den Menschen und Ereignissen der damaligen Zeit.

Theodor Fontane vergleichbar, der seit der Jahrhundertmitte mit seinen „Wanderungen durch die Mark" den Landsleuten die Augen öffnete für die historischen und landschaftlichen Sehenswürdigkeiten der als „Streusandbüchse des Heiligen Römischen Reiches" verspotteten Mark Brandenburg, begann auch Menzel die anspruchslosen Dinge der ihm naheliegenden Umwelt zu zeichnen und zu malen. Im Unscheinbaren, vermeintlich Bedeutungslosen vermochten seine Augen das Besondere und Einmalige, das Bleibende zu erkennen.

Berlin hatte sich seit der Mitte des 18. Jahrhunderts zum wirtschaftlichen und kulturellen Zentrum Preußens entwickkelt. Es wurde zum Schmelztiegel aller geistigen Couleur, sei sie hugenottischen, jüdischen, slawischen oder nicht zuletzt schlesischen Ursprungs. Aus den ärmeren ländlichen, wirtschaftlich rückständigeren Provinzen des Ostens und Nordens drängten aufstrebende Köpfe der Wissenschaft, Wirtschaft und Künste nach Berlin, aber auch die einfachere Bevölkerung kam in der Hoffnung auf bessere Lebenschancen in die Hauptstadt.

So erhoffte auch Menzels Vater, der zuerst Lehrer und Schuldirektor in Breslau war, in Berlin als Lithograph zu reüssieren. Im Frühjahr 1830 zog er mit seiner Frau und drei Kindern, dem vierzehnjährigen Adolph, der siebenjährigen Emilie und dem vierjährigen Richard dorthin. Carl Erdmann Menzel, Sohn eines Wassermüllers aus Städtel bei Namslau

Die Provinz Brandenburg. 1844

Die Provinz Pommern. 1844

Die Provinz Preußen. 1844

Die Provinz Schlesien. 1844

in Schlesien, hatte 1813 Charlotte Emilie Okrusch, die Tochter eines Zeichenlehrers am Elisabethanischen Gymnasium in Breslau geheiratet. Adolph war ihr zweiter Sohn.[1]

Über Menzels Breslauer Kindheit gibt es kaum Aufzeichnungen von seiner Hand. Im Nachlaß fand sich lediglich ein einfaches Schreibheft mit der Aufschrift *ich*, darin eine angefangene Autobiographie. Er begann die Notizen am 22. Februar 1874 mit der Erinnerung, daß er am Abend desselben Tages vor vierzig Jahren *durch einstimmige Kugelung* Mitglied des *jüngeren Kunstvereins* geworden war, und fuhr fort: *Ein Rückblick auf mein Treiben und Lebensgang während dieser 4 Jahrzehnte, und auch Ein und Anderes der Vor-Vergangenheit ist wohl jetzt...*, hier unterbrach er, um zwei Jahre später, am 8. September 1876, exakt an diesen Satz anzuknüpfen: *nicht mehr als voreilige Selbstbespiegelung anzusehen*. In einer Vorbemerkung kündigte er an, daß er über sich und die *Verhältnisse und Zustände, zwischen denen die Jugend verlaufen [ist]*, nicht chronologisch berichten wird, *sondern die Dinge, je nachdem wie sie dem im Alter nach rückwärts weitsichtigen Gedächtnis auftauchen, hersetzen werde. Also: ich Adolph Friedrich Erdmann Menzel bin geboren zu Breslau Abends am 8. December 1815. Das Haus, in dem meine Eltern wohnten, hieß zur ,Goldenen Muschel' und lag in der Albrechtstraße neben dem ,Regierungsgebäude', von diesem durch eine schmale Gasse getrennt, die damals wie heute (ziemlich ominös) ,Lange Holzgasse' hieß.*[2]

Die Nachrichten über diese frühen Kinderjahre in Breslau bleiben auf wenige Schlaglichter in kurzen, aus unterschiedlichen Anlässen verfaßten Lebensläufen beschränkt. 1853 schrieb er:

Von Anfang, angesichts der Kunstzustände Breslaus nicht für die Künstlerlaufbahn bestimmt, zweckte vielmehr

aller vorläufige Unterricht auf künftige Befähigung zu ir-
gend einem Amte ab. So kam es denn, daß ich in dem, was
mich von sehr früher Kindheit an allein erfüllte, zwar bei-
fällig aufgemuntert, aber unbelehrt, wie wild aufwuchs.
Das zu geistiger Nahrung auch für Knabensinn Faßliche
war damals nur in sehr provinzieller Beschränktheit vor-
handen und zugänglich…

1896 erwähnte er einen *Mehrjährigen Besuch einer Stadt-*
schule (No. 6) zu Breslau. Gleichzeitig mit Rücksicht auf in
Aussicht genommenen wissenschaftlichen Beruf Priv. Un-
terricht (Latein etc.). Fortfahrend: *Früh erwachter Kunst-*
trieb machte sich jedoch in so ausschließlicher Weise gel-
tend, daß der Vater sich bestimmen ließ, obgedachte Pläne
aufzugeben. Die Ergebnisse einiger Versuche, mich nun-
mehr in die Förderung künstlerischer Schulung einzufüh-
ren, blieben hinter gehegten Erwartungen zurück. Mir
selbst erwuchs nun zwar hieraus kein Leid. Fand ich doch
Erbauung, Belehrung, höchsten Genuß in oft stundenlan-
gem Verweilen in Sonnenbrand oder Schnee vor ein paar
kleinen Schaukästen italienischer Kupferstichhändler – da
schon die Sixtina, das Abendmahl, ,Schule von Athen', He-
liodor und was nicht Alles noch verschlingen zu können!!!
Und wie manch Andachts-Martyrium ward in ,der Kirchen
ehrwürdiger Nacht' hinter Staub und Kerzenqualm für die
Knabenphantasie zum Meisterwerk umgezaubert…[3]

Wie nachhaltig diese frühen Eindrücke aus seiner Vaterstadt auf das Gemüt des Kindes gewirkt haben müssen, wird
bereits aus diesen kargen Bemerkungen ersichtlich. Hier werden Ur-Bilder erkennbar, aus denen sich Menzels künstlerische Träume nährten. Gedanken des Kunsthistorikers Karl
Scheffler erfaßten das recht genau. Er schrieb 1938: „Menzel
war Schlesier, er entstammte einer Provinz, aus der der preußischen Hauptstadt und späteren Reichshauptstadt ein steti-

ger Zufluß erneuernder Kraft gekommen ist: das Schlesiertum ist aus der Stadtgeschichte Berlins nicht wegzudenken. Als Menzels Eltern in Breslau lebten, dachten und fühlten die Schlesier zwar schon preußisch, ja bis zu gewissen Graden märkisch, doch lebte in ihnen auch noch etwas von der Sinnlichkeit des österreichischen Barocks. Insofern mag der Geburtsort die eingeborene Neigung Menzels zur barocken Form, die unverkennbar ist, begünstigt, ja hervorgelockt haben. Der schlesische Protestantengeist erinnerte sich dunkel des österreichischen Katholizismus. So kam es, daß der junge Zeichner einen entschiedenen Instinkt für das achtzehnte Jahrhundert nach Berlin mitbrachte und niemals verleugnete."[4]

Menzels Vater hatte gewiß nicht nur sein eigenes Fortkommen im Sinn, als er den Wechsel von Breslau nach Berlin wagte, sondern beide Eltern waren bestrebt, die nun hervortretende und mit einem starken Willen gepaarte hohe Begabung ihres Sohnes nach allerbesten Kräften zu fördern. Welcher Art die unterschiedlichen Anlagen der Eltern waren, die im Sohn zusammenwirkten, darüber kann man nur mutmaßen. Es ist aber anzunehmen, daß beide besondere Persönlichkeiten waren, deren körperliche Kräfte sich jedoch rasch verzehrten. Der Vater wurde nur fünfundvierzig Jahre alt, die Mutter starb einundfünfzigjährig. Während in einem männlichen Brustbild, das der dreizehnjährige Menzel gezeichnet hat, ein Abbild des Vaters nur vermutet wird, existierte eine bezaubernde Bleistiftzeichnung der Mutter.[5] Sie entstand 1842 und zeigt die aufrechte Gestalt einer trotz leicht leidender Züge beinahe schön zu nennenden Frau. Die dunklen Augen im ausdrucksstarken Gesicht sind auf den Betrachter gerichtet, und man glaubt, in dieser stillen Konzentration den Blick auf den Sohn zu spüren. Menzels Bindung war zu beiden Eltern stark. Der Ernst, mit dem er die Hand des Vaters

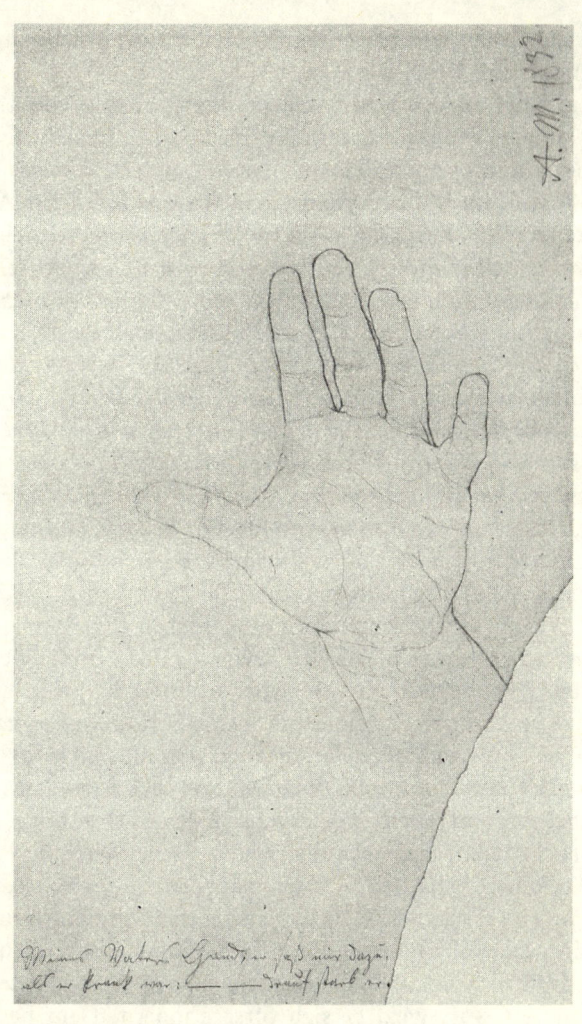

Die Hand des Vaters. 1832

15

gezeichnet hat, läßt das außergewöhnliche Wahrnehmungs-
vermögen des Knaben erkennen.

Ein Brief an den Schriftsteller Ludwig Pietsch von 1879
läßt ahnen, wie sehr es ihm am Herzen lag, kein Mißver-
ständnis aufkommen zu lassen, was die ersten Pläne des Vaters betraf, nach denen Menzel ein wissenschaftliches Amt
antreten sollte. *Er wollte nur für mich aspariren*, schrieb er,
*was ihm selbst nicht wohl bekommen war. In ihm selbst
steckte schon der Kunsttrieb, wie außer anderem, oft von
ihm selbst erzählte Fakta seiner Kindheit darthun. Das war
aber vermöge seiner noch weit ungünstigeren Jugendver-
hältnisse in ihm verkümmert, durch seine Lehrer-Karriere
überschichtet, und kam erst später wieder wie ein vertrie-
bener Krankheitsstoff dennoch auf die Oberfläche herauf,
indem es ihn wenig zu seinem Glück zur Lithographie hin-
zog. Diese hätte kein so unentwickelter Betrieb, meines Vaters ganze Vorbildung dazu eine andere sein müssen, wenn
er hätte nachhaltig reussiren sollen.*[6]

Aus dem Kirchenbuch der evangelischen Pfarrkirche St.
Elisabeth geht hervor, daß Menzels Vater 1818 bereits Besitzer einer Steindruckerei war. Aber schon 1832, zwei Jahre
nach dem Verlassen Breslaus, starb er in Berlin. Menzel hatte
dort *jenes autodidaktische Treiben*, das ihn *auch für die
Folgezeit beim Studium ohne Meister beharren ließ...*[7],
fortgeführt und daneben dem Vater in der Werkstatt zugearbeitet. Er nahm nun nach dem unerwartet raschen Tod des
Vaters ohne zu hadern die Herausforderung des Schicksals
an, indem er, gerade sechzehnjährig, das Lithographenge-
schäft weiterführte, um das Brot für die Familie zu verdienen.
An die kaum vorstellbare Belastung jener Zeit, die seine
Jugendzeit war, wird er sich öfter erinnern. Dem besten
Freund und Förderer, dem Tapetenfabrikanten Carl Arnold,
dessen Bekanntschaft Menzel 1833 beim Abendzeichnen in

der Akademie gemacht und in dessen Haus er viele bedeutende Künstler Berlins kennengelernt hat, schrieb er 1836 nach Kassel, wohin Arnold ein Jahr zuvor gezogen war: *...so findet mich gewöhnlich die Mitternacht bei den Büchern oder beim Arbeitstisch*...[8] Rückblickend sagte er 1865: *Jetzt sechzehnjährig durch den schnellen Tod des Vaters gänzlich auf mich selbst gestellt, gab ich gleichwohl, bei zwar ungleich ausgedehnter Geschäftsthätigkeit nichts von meinen Zielen und Träumen auf, war der Tag zu kurz, so half die Nacht*...[9]

Verantwortungsgefühl und Liebe zu Mutter und Geschwistern gaben Kraft für künftige Leistungen. Seinem Genie jedoch wurden Zügel der Bürgerlichkeit angelegt. Vielleicht war es bei aller Genialität Menzels Charakterstärke, die ihn in Berlin bald in einen Kreis bedeutender Menschen brachte, von denen er einige lebenslang als Freunde gewann. Mit ihnen konnte er trotz angestrengter Arbeit ausgelassen sein. Es gab aber in jungen Jahren seine Gesundheit der Mutter Anlaß zur Besorgnis, wie der Vorfall nach einem Dürerfest zeigte, das er 1837 mit Freunden gefeiert hatte. Dem väterlichen Freund Arnold berichtete er:

... dies und das... stimmte meinen Humor bis ins 19te gestrichene C hinauf, woran ichs dann beim Feste am Mitjubeln nicht fehlen ließ, trotzdem blieb ich bis zu Ende (früh 4 Uhr) ganz nüchtern, daß ich mich noch anderer Blessierter und Gefallener annahm und zu Hause lootste; ich schlief und stand vergnügt auf, laß dann meiner Mutter Ihren so lieben Brief vor, während dem entfernt sich meine Mutter einen Augenblick, 's wird still und sie hört einen schweren Fall, der da fiel und in heftigen Krämpfen lag, war ich, vom Fall zu Boden hatte ich mir an mehreren Stellen die Zunge durchgebissen, das davon laufende Blut brachte die zu Hülfe gekommenen anfangs zu dem Glau-

17

Die Mutter auf dem Sofa. 1846

ben, es sei Blutsturz, als die Krämpfe eine Viertelstunde ge-
dauert hatten, erwachte ich, wußte übrigens nicht das Ge-
ringste davon, war etwas matt, sonst ziemlich wohl, mein
Arzt erklärte das Ganze für eine Folge zu großer Aufre-
gung, und hat mir, höchstens 3 Glas und die noch mit Was-
ser versetzt ausgenommen, den Wein ganz verpönt, so wie
alle andern spirituosa; ich lebe seitdem äußerst regelmäßig
und bin wieder ganz wohlauf, was übrigens der ganze Zu-
fall auf meine jetzt sehr kränkliche Mutter für einen Ein-
druck gemacht hat, brauche ich nicht zu sagen...

1843 schrieb Menzel, nun seinerseits wieder um die Gesundheit der Mutter besorgt, an Arnold: *...ich habe in die-*
sem Jahre gleich Ihnen geschmeckt, was Krankheit auch für
die Gesunden heißen will, meine Mutter hat über 4 Wochen
lang an einem rheumatisch-nervösen Fieber dergestalt ge-
litten, daß wir alle in großer Furcht für ihr Leben schweb-
ten. Ja das war eine traurige Zeit![10]

Am 8. Oktober 1846 starb Menzels Mutter. In einem von
1839 bis 1846 benutzten Skizzenbuch finden sich Landschaften und Zeichnungen von Freunden und Angehörigen, die
zum Zartesten und Liebenswürdigsten aus Menzels Frühzeit
gehören. Man darf annehmen, daß zwei der Skizzen die Mutter darstellen. Sie zeigen dieselbe leidend aussehende Frau, deren Erscheinung an das Bildnis von 1842 erinnert. Aber zarter
als damals sitzt sie einmal wie schlummernd mit vorgeneigtem
Kopf in der Sofaecke, sodann mit geschlossenen Lidern und
nach hinten gelehntem Kopf, ein Kissen im Nacken, die Hände
über dem Leib verschränkt. Zu der Zeit, als die Mutter krän-
kelte, war der jugendliche Sohn seines Freundes Arnold zu Besuch, um von Menzel Zeichenunterricht zu erhalten. Ihn hat
Menzel im selben Skizzenbuch festgehalten wie auch die
Schwester Emilie, in einer Zeichnung weinend. Dieses Buch
enthält das ganze Unglück, das sich ereignet hatte.

Der Brief, den Menzel erst am 10. November Carl Arnold nach Kassel schrieb, wirft ein Licht auf Menzels Kraft, die sich mit einer unerhörten Empfindsamkeit und Fürsorge gegenüber ihm Nahestehenden vereinte:

Geliebter! Mit meinem heutigen Schreiben wälze ich mir endlich eine Last ab, die mir je länger, je drückender wird, ich muß Ihnen endlich eine Nachricht noch jetzt mittheilen, die Ihnen und den Ihrigen später als Neuigkeit die Freude des Wiedersehens mit ihrem Sohne vertrüben müßte.

Am 8ten Oktober hat Gott unsere Mutter zu sich genommen. Am Morgen desselben Sonntags, an dem Abends Ihr Carl bei uns eintraf, hatte sie, die schon seit länger an Anwandlungen von Unwohlsein und Ermattung, aber ohne ernstliche Besorgnis, litt, sich zu Bett gelegt. Eine Unterleibsentzündung brach aus, und mit solcher alle menschliche Hülfe wegschlagender Wut! Schon der nächste Donnerstag sah ihren Todeskampf. Sie erlassen mir alles Weitere. Aus diesem Allen werden Sie sich nun auch unser und des Carl Schweigen über uns in seinen Briefen erklären, da ich ihm streng verboten hatte, eine Nachricht davon an Sie gelangen zu lassen. Sie würden natürlich ihm in solchem Fall gleich die Rückkehr geboten haben, was nun aber doch alle Zwecke seiner Reise hätte vernichten müssen. Der arme Junge ist selbst zu bedauern genug, daß ihn gerade ein so durchaus unvermeidliches Zusammentreffen in dieser Zeit hierher führte, um so viel Jammer mit zu erleben. Von dem Tage ab, wo die Krankheit die unglückliche Wendung nahm, bis nach der Beerdigung willigte ich gerne ein, daß er zu Drake zog, Magnus bot sein Haus auch an. Als aber die Stille zurückgekehrt war, und welche Stille! war es uns sehr lieb, daß er wieder zu uns wollte, und er ist uns wie ich, glaube ich, schon erwähnt, eine wirkliche Aufheiterung…[11]

20

Es war selbstverständlich, daß die Geschwister nach dem Tode der Mutter zusammenblieben und Menzel für die Jüngeren sorgte. Zuneigung, ja Anhänglichkeit brachte er zeitlebens auch seinen Verwandten entgegen, die von des Vaters Seite her weit verzweigt in Schlesien und in der Provinz Posen lebten. Einige von ihnen konnte er später in Notzeiten finanziell unterstützen. Schlesien war damals ein rückständiges Land; der Weberaufstand 1844 und die Hungerdemonstrationen 1847 in Breslau waren Ausdruck der sozialen Mißstände. Im Haus seines Onkels und Paten Friedrich Wilhelm Martini, der mit einer Schwester von Menzels Vater verheiratet und sein Leben lang Wirtschaftsinspektor des Grafen Schulenburg in Tribusch bei Bojanowo in der Provinz Posen gewesen war, weilte Menzel schon als Kind gern. Besonders innig gestaltete sich die Beziehung zu dessen Kindern, Menzels drei Cousins und drei Cousinen und deren Kindern nebst Anhang. Man schrieb und besuchte sich wohl auch manchmal. Menzel tröstete die verehrte, bereits verwitwete Tante nach einem überraschenden Besuch ihrer Söhne in Berlin im Frühjahr 1846: *Wie gerne möchte ich überhaupt Euch alle nach 17 Jahren einmal wiedersehen! wenn es nur einmal dazu würde! Wir vertrösten uns: die Eisenbahnen werden das Euch oder uns möglich machen.*[12]

Reise nach Jauer und Striegau
Schlesische Verwandtschaft
1844

Anstrengende Arbeit und beengte Verhältnisse haben Menzel in der Jugend an intensiven Studienreisen gehindert. Er hat das bedauernd erwähnt und auf seinen vielen späten Reisen mit der ihm eigenen Konzentration nachzuholen versucht.

Sein erstes bedeutendes graphisches Werk, die 400 Holzschnittzeichnungen zu Franz Kuglers „Geschichte Friedrichs des Großen", war bereits beendet, das sogenannte Armeewerk mit 436 Federlithographien war begonnen, auch an den 200 Holzschnitt-Illustrationen zu den „Werken Friedrich des Großen" arbeitete er bereits, als er 1844, wahrscheinlich im Frühling, zu einer Reise nach Schlesien aufbrach. Vom Besuch bei der Familie seines Vetters Karl, ältester Sohn des Onkels Wilhelm Martini, mußte sich der hart Arbeitende Erholung erhofft haben. Daß er sie in Jauer, einem kleinen Städtchen in waldiger Umgebung, wo Karl Martini bis zu seinem Lebensende als Kreisgerichtsrat tätig war, tatsächlich fand, bezeugen Zeichnungen, die während dieses Aufenthaltes entstanden sind. Vielleicht aus Dankbarkeit für die erwiesene Gastfreundschaft zeichnete Menzel jedes einzelne Familienmitglied. Der Stil ist biedermeierlich schlicht, charakteristisch für manche der frühen Arbeiten. Aber sehr souverän vermochte er die Persönlichkeiten zu erfassen. Frau Pauline Martini, die stickend an einem zierlichen Lyra-Tischchen sitzt, schaut leicht verträumt aus dem Bild. Das Porträt des etwa zehn Jahre älteren Vetters zeigt ihn freundlich offen und zugleich ernst und selbstbewußt blickend. Während Menzel die Eltern als Kniestücke zeichnete, erscheinen die Kinder in ganzer

22

Kreisgerichtsrat Karl Martini. 1844

Hugo Martini. 1844

Menzel und seine Familie am Klavier. 1851

Gestalt. Hohe Stirnen, ein kleiner schmaler Mund und das verhältnismäßig kurze Untergesicht verraten die Ähnlichkeit mit den Eltern. Die Tochter Constanze steht in biedermeierlichem Kleid mit Umhang, den Schutenhut in den Händen, wie zum Ausgehen geputzt, der wenig ältere Bruder Hugo im karierten Spielkittel. Wieder die klaren Augenpaare zum Betrachter gewendet, vermochte Menzel das Charakteristische vereint mit dem lieblich Unausgeprägten dieser Kinder festzuhalten. Die Dominanz der Augen ist vielen Porträts Menzels eigen, und es scheint, als sei er bestrebt gewesen, gerade dadurch den Dargestellten etwas Bedeutsames zu verleihen, eine innere Belebtheit, in der sich letztlich seine eigene Geistigkeit spiegelt. Für den jüngsten Sohn Paul blieb nur Zeit für eine Skizze, die ihn auf einem Stecken reitend zeigt (Hamburg, Privatbesitz). Möglicherweise schien Menzel diese unrepräsentative Form für ein kleines, ungebärdiges Kind angemessen. Mit ausgesprochener Liebe hat er immer wieder Kinder in all ihrer reizenden Lebendigkeit gezeichnet.

Das ist also schon der Paul von damals, der Liebkosens halber aus Hand in Hand ging![13], schrieb Menzel 1865, kurz vor Beendigung des Krönungsbildes, in Erinnerung an den Aufenthalt in Schlesien zwanzig Jahre zuvor an den Vetter zur Hochzeit dieses Sohnes.

Ein Glanzpunkt seiner zeichnerischen Perfektion und Porträtkunst ist das Blatt von 1851, das ihn selbst, die Schwester Emilie und den Bruder Richard am Klavier und im Vordergrund links, mit einer Strickarbeit beschäftigt, Constanze Martini zeigt, die, nun ein junges Mädchen, bei den Geschwistern Menzel zu Besuch war. Menzel schenkte die Zeichnung Martinis und behielt eine Pause für sich. Es ist anzunehmen, daß Menzels Reise über Frankfurt a. d. Oder nach Jauer auch Breslau einschloß. Von beiden Städten befinden sich stilistisch gleichartige Zeichnungen im Skizzenbuch von 1844, das er auf

Ansicht von Frankfurt an der Oder. 1844

Ansicht von Breslau mit Sand- und Kreuzkirche. 1844

28

dieser Fahrt benutzte. Bekanntlich hatte Menzel unterwegs stets mehrere dieser kleinen Bücher in Taschenkalenderformat bei sich. Selten machte er Notizen zu den aufgenommenen Örtlichkeiten, so daß es nicht immer leicht ist, die jeweiligen Orte zu identifizieren. Anfangs- und Schlußdatierung finden sich meistens in den Innendeckeln der Hefte. Dabei ist festzustellen, daß fast alle vom Ende begonnen wurden, ein Hinweis auf das Zeichnen mit der Linken. Durch seine Lithographiertätigkeit hatte Menzel jedoch beide Hände gleichermaßen trainiert.

Beim Betrachten der Zeichnungen von Stadtansichten oder einzelnen Architekturen fallen die originellen Blickwinkel ins Auge. Man bemerkt, wie einmal Typisches oder auch Besonderes, zumindest aber der ganz persönliche Eindruck einer Architektur herausgearbeitet wird. Das Bemühen um ein exaktes Abbild im Sinne eines photographischen Naturalismus stand nie im Vordergrund. So überraschen nicht selten Verzerrungen, auch Überhöhungen, wodurch ungewöhnliche Stimmungen und Aussagen zur Geltung kommen. Selbst bei anspruchslosen Skizzen läßt sich diese Merkwürdigkeit feststellen, die um so verblüffender ist, wenn man das Motiv mit der möglicherweise noch vorhandenen Örtlichkeit oder mit zeitgenössischen Photographien vergleicht. Eine Zeichnung der Geburtsstadt Heinrich von Kleists gibt einen Blick von den Hügeln wieder, die die Stadt an der Oder östlich umgrenzen. Sie zeigt den eintürmigen mächtigen Backsteinbau der gotischen Marienkirche, deren zweiter Turm 1826 eingestürzt war; links davon mit gotischem Giebel und zierlichem Türmchen das Rathaus. Eine andere Zeichnung dieser Reise zeigt eine ungewohnte Ansicht des berühmten Sandklosters in Breslau mit der Kreuzkirche. Über die langgezogene Dachzone hinweg zeichnete Menzel die Breslauer Kreuzkirche noch einmal mit Blick auf ihren nadelspitz zulaufenden

Die Kreuzkirche in Breslau. 1844

Chor der Klosterkirche auf der Sandinsel
in Breslau. 1844

31

Kirchenruine. 1844

Häuser in einer kleinen Stadt. 1844

Landschaft bei Jauer. 1844

Turm der katholischen Pfarrkirche
in Jauer. 1844

Turm. Der charakteristische, über der Oder aufragende Chor der Sandkirche ist flüchtiger, aber im gleichen zarten Stil dieser frühen Zeit mit spitzem Stift und nur schwach modellierender Estompe festgehalten. Menzels Vorliebe für Ruinöses oder Fragmentarisches, wie auf dem Blatt eines zerfallenen Kirchengemäuers, läßt sich durch alle Schaffensperioden verfolgen. Sein immenses zeichnerisches Werk wird begleitet von solchen Signalen irdischer Vergänglichkeit.

Endlich in Jauer angelangt, hat Menzel in dem westlich von Breslau gelegenen Städtchen auf seinen Spaziergängen verschiedene Motive gezeichnet. Neben Außenansichten der gotischen katholischen Pfarrkiche, Epitaphien an ihrer Fassade oder ihrem prächtigen, vorgeblendeten Renaissanceportal (Hamburg, Privatbesitz) sind es Interieurs der evangelischen Friedenskirche, eines bemerkenswerten Fachwerkbaus der Renaissancezeit, und barocke Grabsteine auf dem Friedhof. Ausgeführte Blätter stehen neben Studien, die manchmal unterschiedliche Motive auf zwei Ebenen, meist übereinander, festhalten. Aus dem nahegelegenen Striegau ist es der mächtige Bau der katholischen gotischen Johanniter- und Pfarrkiche, die er am Ort zeichnete und 1847 in Berlin noch einmal aquarelliert hat. Dem Aquarell ist im Vordergrund eine alte Frau in schlesischer Tracht hinzugefügt (Sammlung Georg Schäfer, Euerbach). Von Jauer aus besuchte Menzel Groß Rosen, wo sein Vetter Moritz, Bruder des Karl Martini, längere Zeit als Wirtschaftsinspektor des Freiherrn von Richthofen tätig war. Die mit groben Strichen gezeichnete Ruine des Galgens von Groß Rosen zeugt von diesem Aufenthalt.

Als Menzel im August 1847 über Eisenach nach Kassel zu Arnold reiste, der ihm dort den Auftrag des Hessischen Kunstvereins für ein großes Historienbild zur Sechshundertjahrfeier des regierenden Hessischen Hauses vermittelt und

Katholische Pfarrkirche St. Martin in Jauer. 1844

Katholische Pfarrkirche in Jauer von Nordosten. 1844

Interieur mit Kanzel der Friedenskirche in Jauer. 1844

Gestühl und Tür in der Friedenskirche in Jauer. 1844

Barocke Grabsteine eines Kirchhofes in Jauer. 1844

Brücke bei Striegau. 1844

Katholische Pfarrkirche an der Stadtmauer
in Striegau. 1844

ihm damit einen lange gehegten Wunsch erfüllt hatte, schrieb Menzel an die zu der Zeit in Jauer weilende Schwester:

Mein geliebtes Kind und geliebtes Jauersches Volk! Für diesmal kann ich Euch nur benachrichtigen, daß ich... glücklich und lustig in Eisenach angekommen... und gestern von früh an den ganzen Tag auf der Wartburg con amore ‚auf tene Pöten und in tene Kellern und am stille Pach auf Plume fein unter der Vökel matrigaal' umhergekrochen und geklettert bin. Was das himmlisch war! Pan schläft da um die Zeit von 3–4–5, da so in den waldigen Schluchten, in dem tiefen Grün herumzustören, dazu ein wundervoller Tag, von solcher Höhe meilenweite Umsichten, Wolkenschatten und Sonnenflächen und Farben – o Gott. Ich habe 1 000 000 mal an Euch gedacht, säßet Ihr nicht selbst mitten in Ähnlichem, ich hätt geflennt...[14]

Menzel gedachte in Thüringen der ebenso schönen heimatlichen Gegenden und fiel dabei scherzend in schlesischen Dialekt. Er erinnerte sich seines glücklichen Aufenthaltes dort vor drei Jahren. Es wäre denkbar, daß ihn die Landschaft Schlesiens dazu angeregt hat, erstmals Ölbilder nach der Natur zu malen. Damals, im April 1844, vielleicht kurz nach der Rückkehr aus Jauer, hatte er dem Freund Arnold geschrieben: *Meine Zeit füllt sich jetzt aus mit Malen, (nach der Natur, was ich ja früher noch gar nicht getrieben habe)...*[15]

Nun, 1847, auf dem Wege nach Kassel, als er von Sonne, Farben und Wolkenschatten so angeregt schrieb, waren fast alle seine wundervollen ‚vorimpressionistischen' Landschaften bereits gemalt: *Der Palaisgarten des Prinzen Albrecht*, der *Bauplatz mit Weiden*, *Gewitter am Tempelhofer Berg*, die *Berlin-Potsdamer Eisenbahn*, *Dächer im Schnee* und auch die Interieurs, etwa das *Balkonzimmer*, Menzels *Schlafzimmer in der Ritterstraße* und *Wohnzimmer mit der Schwester*. Trotz seines starken, unerschrockenen Charak-

Ruine des Galgens in Groß Rosen. 1844

ters mögen ihn bittere, im Existenzkampf gemachte Erfahrungen abgehalten haben, diese neuen, wunderbaren Früchte einer jähen Meisterschaft der Verständnislosigkeit seiner Berliner Zeitgenossen preiszugeben. Schließlich waren ihre Augen noch nicht geöffnet durch die viel spätere Freilichtmalerei der französischen Impressionisten. Auch war er selbst noch gefangen vom Thema Friedrichs des Großen. Seine durchaus zeitgemäße Sehnsucht nach großformatiger Historienmalerei nährte sich in Gedanken weiterhin von diesem Sujet, das ihm auf dem Gebiet der Graphik Anerkennung gebracht hatte. Erst drei Jahre vor seinem Tod zeigte er seinem Kunsthändler Hermann Pächter jene frühen Gemälde.

Dieser Dualismus künstlerischer Selbstverständigung im Erproben des Neuen auf der einen Seite und geforderter Konvention andererseits zeigt auch an Menzel die im 19. Jahrhundert zunehmende Entfremdung des Künstlers von der Gesellschaft. Jener Zwiespalt begleitet sein gesamtes Werk. Fontane hat das 1895 in einem Aufsatz zu Menzels achtzigstem Geburtstag zum ersten Mal bemerkt:

„Neben diesem Menzel der gäng und geben Auffassung ist immer ein zweiter, in vielen Stücken durchaus anderer Menzel einhergeschritten, der, einer von außenher als Wunsch und Auftrag, Forderung an ihn herantretenden Stoffwelt durchaus abgewandt, in sich selbst gestellten rein künstlerischen Aufgaben, in der Erfindung immer neuer Techniken und zugleich in der Lösung immer neuer Probleme sein Ideal fand..."[16]

Rügen und Stettin
Ausflug nach Pommern
1851

In seiner Jugendzeit konnte sich Menzel nur wenig Erholung gönnen. Die ersten weiteren Reisen machte er im Zusammenhang mit seiner Illustrationsarbeit zu Kuglers „Geschichte Friedrichs des Großen". 1840 mußte er trotz einer Unpäßlichkeit nach Leipzig reisen, zu seinem Verleger J. J. Weber, der die Fahrt finanzierte. Menzel schrieb ihm: *...ich war in diesen letzten Tagen so unwohl, daß ich gar nicht mehr an die Möglichkeit meiner Reise glaubte, jezt bin ich zwar etwas besser... ich hoffe indeß morgen Abend mit Schnellpost abzugehen und Dienstag Abend in Leipzig anzukommen, bis da denke ich wohl wieder wohl zu sein...*

Anschließend hielt er sich wenige Tage zu Studien für das Buch in Dresden auf. Seit 1839 arbeitete er intensiv an den Illustrationen, und erst im September 1841 teilte er dem Verleger einen kurzen Urlaub mit, den er mit dem ihm befreundeten Archäologen Adolf Schöll unternehmen wollte: *Herrn J. J. Weber Wohlgeb: Anfangs der nächsten Woche, vielleicht Mondtag reise ich auf 14 Tage nach Kassel, welche Erholung mir nach einem so angestrengten Jahre im höchsten Grade Noth thut. Die Sache soll deswegen nicht ins Stocken geraten...* Im Sommer 1842 ist die Arbeit noch immer nicht beendet, Menzel erinnerte sich an die Ferien des vorigen Sommers in Kassel und schrieb dem Freund: *Ach, jetzt auf Wilhelmshöh, Dörnberg etc: für dieß Jahr sind mir das nun Tantalusfrüchte...*[17]

Menzel, der sich nach dem Tod der Mutter den Geschwistern sehr verbunden fühlte, mit Emilie, die den Haushalt führte, und dem stets etwas kränkelnden jüngeren Bruder Richard, war eine siebenmonatige Trennung im Jahr 1847 nicht leicht geworden. Die Arbeit an dem Karton *Einzug der Herzogin Sophie von Brabant mit ihrem 3jährigen Sohn, dem Landgrafen Heinrich, in Marburg 1248* hielt ihn damals in Kassel fest. Seine besorgten und zärtlichen Briefe dieser Zeit verfolgten das Wohlergehen der Geschwister. Diese lange Abwesenheit war wohl der Grund, daß spätere Reisen öfter gemeinsam unternommen wurden. Wenn das nicht möglich war, mußten Musik und Lektüre für Entspannung sorgen. Das Musizieren gehörte ohnehin in der Familie zu den gemeinsamen Vergnügen. Richards Fortschritte beim Klavierunterricht durch den Organisten Meyerhöfer erfragte Menzel des öfteren in seinen Briefen. Ihm selbst war die Musik wenn ... *nicht vielleicht die erste Kunst, so doch unstreitig die am unmittelbarsten aufs Herz wirkende* ...[18], so hatte er als Einundzwanzigjähriger dem Freund nach Kassel geschrieben.

Im Januar 1851 berichtete Menzel Arnold nach einjähriger Schreibpause von einem gemeinsamen kleinen Sommerausflug der Geschwister in den Harz, der ... *uns alle von den Fatiguen des vorigen Winters wiederhergestellt hatte.* Unter dem Druck neuer Arbeit, er hatte das Gemälde der *Schlacht bei Hochkirch* begonnen, und angesichts der politisch schweren Zeiten – Einmarsch preußischer und bayrischer Truppen in Hessen als Folge der Krise zwischen Preußen und Österreich – kam er auch auf seine bewährten Hilfen aus der Literatur zu sprechen:

Trösten muß man sich bei solchem Gang der Dinge à tout prix, sonst grämt man sich untüchtig für die Obliegenheiten in Ausübung seines eigenen Faches, was für uns einzelne, wir mögen im Uebrigen denken wie wir wollen, immer das Erste bleibt. Ich habe mir da zu meiner häuslichen

Gotisches Giebelhaus in Stralsund. 1851

49

Andacht einen hübschen Spruch ausgesucht; er steht in
Goethes West = östlichem Divan, im Buch des Unmuths,
und ist überschrieben: ,Wanderers Gemüthsruhe', er wird
Ihnen, denke ich, gefallen, und ohne Goethes Worte, die be-
ginnen

> „Übers Niederträchtige
> Niemand sich beklage!
> Denn es ist das Mächtige.
> Was man Dir auch sage.",

zu zitieren, fuhr er fort: *Was mich angeht, so habe ich mich
jetzt wieder in meine Arbeit vergraben, ins Atelier darf mir
der Verdruß über den Lauf der Welt nicht nach.*[19] Auch den
vor Sehnsucht nach ihm klagenden Geschwistern, die er mit
Heißgeliebte, Geliebte Gesichter und *Geliebte meiner Seele*
anredete, empfahl er damals aus Kassel: *Geliebten, macht
Ihr denn auch in freien Stunden, wenn ihr gerade zu Hause
allein seid, Gebrauch von Euren mannigfaltig dotierten Bü-
cherspindchen? Da giebts eine Menge Kühlsalben und Zug-
pflaster für allerlei Schmerzen…*[20]

Endlich, 1851, konnten sich die Geschwister zu einer ein-
wöchigen Fahrt auf die Insel Rügen und nach Stettin zusam-
menfinden. Menzel bedeutete das auch die Bekanntschaft mit
dem Land Pommern, dessen Historie ihm durch viele gründ-
liche Studien vertraut war, wie die Geschichte Brandenburgs
und Preußens überhaupt. Hatte er doch unter anderem in den
vierziger Jahren den Winterfeldzug des Großen Kurfürsten in
den Pommerschen Kriegen gegen die Schweden in einer Szene
für die „Werke Friedrichs des Großen" illustriert: Die berühmte Schlittenfahrt der kurfürstlichen Truppen, von Derfflinger über das zugefrorene Frische Haff geführt, um den
Schweden den Rückzug abzuschneiden und sie für kurze Zeit
aus Pommern zu vertreiben.

Passagiere auf dem Dampfboot nach Rügen. 1851

Ostseeküste bei Rügen. 1851

Doch so weit in den Osten des Landes sollte der kurze Ausflug nicht führen. Die Reiseroute läßt sich an Hand seiner Skizzen ungefähr verfolgen. Mit Halt in Pasewalk, wo Menzel Details vom Turm der Pfarrkirche St. Nikolai in der einstigen Unterstadt skizzierte, einem Bau des 13. Jahrhunderts, der 1824–28 Umbauten durch Schinkel erfuhr, ging es weiter nach Stralsund. Auch hier wieder nur flüchtige Skizzen, etwa die bemerkenswerte Giebelfassade des gotischen Rathauses, ein barocker Epitaph und der Giebel eines der charakteristischen Bürgerhäuser. *Hellgelblich mit schwarzen Glanzziegeln besetzt* ist dabei angemerkt. Im Gegensatz zu den folgenden von Rügen scheinen diese Studien rasch entstanden, mit knappen Notizen zu den Farben des Baumaterials und auffälligen Bauformen versehen, angelegt, etwas Wesentliches in Kürze zu erfassen. Doch kaum ist Rügen nach ausgestandener Überfahrt erreicht, meint man, es habe sich der Zauber der einzigartigen Landschaft und des Klimas dieser seltenen Insel beruhigend mitgeteilt. Heiter und leicht scheint in den Zeichnungen nun die Seelenlage Menzels mitzuschwingen. Selbst seine kleinen Bleistiftstudien atmen die Schönheit des idyllischen Eilandes. Als Rügen nach 1815 endgültig an Preußen fiel, haben die Romantiker die Insel für die Kunst entdeckt, ihre schattigen Buchenwälder, die windflüchtenden Kiefern am Steilufer, die Boddenlandschaft, die Hünengräber und Kreidefelsen, die weit verstreuten kleinen Dörfer mit den schilfgedeckten Häusern. Der Name Caspar David Friedrichs, dessen Malerei die Insel berühmt gemacht hat, soll hier als einziger stehen für die vielen, die sie inspiriert von ihrer Eigenart in Malerei und Dichtkunst schilderten. Die Menzels fuhren, so zeigen es die Skizzen, bis zur zerklüfteten Halbinsel Mönchgut, der südöstlichen Landspitze mit den Orten Middelhagen und Göhren, wo auch einige Volkstypen skizzenhaft festgehalten wurden. Die Küste entlang ging der

Gotische Dorfkirche in Middelhagen. 1851

Schilfgedecktes Haus auf Rügen. 1851

Ein Kuhstall auf Mönchgut. 1851

Kreideklippen auf Rügen. 1851

Leuchtturm auf Kap Arkona. 1851

Baum und Häuser bei Göhren. 1851

Hofecke mit altem Haus in Stettin. 1851

Wallanlagen vor Stettin. 1851

*Dächer und gotische Giebelfassade hinter einem Baum
in Stettin. 1851*

Hafengelände mit Kähnen. 1851

Weg weiter bis nach Stubbenkammer und dem Kreidekliff bei Kap Arkona, dem nördlichsten Punkt der Insel. Hier skizzierte Menzel nicht den alten runden Leuchtturm, sondern den neuen, der 1827 nach Entwürfen Karl Friedrich Schinkels dicht daneben gebaut worden war.

Über Stettin wurde die Rückreise angetreten. Im Skizzenbuch finden sich von der Stadt nur eine Teilansicht ihrer Silhouette, über die Wallanlagen gesehen, neben einigen malerischen, kaum bestimmbaren Winkeln, wie Menzel sie zu zeichnen liebte. Der Verbleib der Bleistiftzeichnung eines barocken Brunnens, der sogenannten Alten Wasserkunst, ist unbekannt.

Im Atelier malte Menzel später aus der Erinnerung einige Pastelle, eine Technik, die er in den fünfziger Jahren bevorzugte. Es sind figürliche Episoden, deren anekdotischer Charakter den Reiz des Unmittelbaren erweckt. Rückschauend zog er in einem Brief an den Kasseler Freund ein fast lakonisches Resümee dieser Reise: *Bis Ende Oktober habe ich mit Ausnahme eines 8tägigen Ausflugs nach Rügen im August fast jeden Abend bis Mitternacht Modell exerzirt. Das Rügen hatte ich mir doch noch nicht so gedacht, seine prachtvollen Waldvegetationen so dicht mit dem Meer im Zusammenhang macht doch ein ganz famoses Ensemble. Auch die ersten Seekranken konnte ich auf der kurzen Überfahrt sehen, mir thats nichts, und so gabs die schönsten Dinge zu beobachten. Die arme Emilie hat es aber kennen gelernt…*[21]

Marienburg
1855

„A. Menzel wird sich nach Marienburg begeben, um seinen Antheil an den im dortigen Schlosse auszuführenden Fresken (den lebensgroßen Figuren der Ordensmeister) zu fertigen; alsdann wird er ebenfalls nach Paris gehen", war am 26. Juli 1855 im „Deutschen Kunstblatt" zu lesen.

Die beinahe zehnjährige Vorgeschichte zu Menzels Reise nach Marienburg begann 1846, als er getrieben von der „jahrelangen Sehnsucht"[22] nach einer Möglichkeit, sich in großer Historienmalerei bewähren zu können, einen Auftrag für Wandmalereien im Sommerremter der Marienburg annahm. Die anfängliche Idee des Auftraggebers, des Burggrafen H. Theodor von Schön, Historienbilder aus der Ordensgeschichte malen zu lassen, beschränkte sich später auf lebensgroße Bildnisse der bedeutendsten Ordensmeister. Menzel machte Kostüm- und Modellstudien und einen ganzfigurigen Kompositionsentwurf in Öl zu Siegfried von Feuchtwangen und Luderus von Braunschweig. Es mag ihm diese Thematik damals ziemlich fern gelegen haben, steckte er doch mitten in verschiedenen Illustrationsarbeiten zur Epoche Friedrichs des Großen. Hier lag sein eigentliches Interesse, aus dem bald eine Leidenschaft erwachsen sollte, die 1849 in dem Plan zu einer Serie großer Gemälde zum Leben Friedrichs gipfelte.

Nun, bei der andersgearteten Aufgabe, durfte es seine künstlerischen Intentionen nicht tangieren, daß der Freigeist Friedrich es entschieden abgelehnt hatte, das Erbe der Hochmeister des Deutschen Ordens anzutreten, sehr zum Bedauern mancher kommenden Historiker. Menzels wirtschaft-

Modellstudie zu einem Hochmeister. 1846

liche Lage ließ es nicht zu, heikel zu sein. In jungen Jahren sah er sich als Autodidakt und immerwährend Lernender gezwungen, *sich aus allem eine künstlerische Aufgabe zu machen*... Nicht ahnend, daß ihm im Rückblick des Alters gerade dieses ‚Muß' zu vielerlei Reue Anlaß geben würde.[23] Den Auftrag für die Marienburg verdankte Menzel sehr wahrscheinlich einer Empfehlung Franz Kuglers. In dem wenig älteren Kunsthistoriker und Dichter, der 1858 erst fünfzigjährig starb, hatte er damals seinen ersten entscheidenden Förderer gefunden. Jener hatte Menzels Genialität erahnt und den kaum bekannten jungen Künstler zum Illustrator seiner „Geschichte Friedrichs des Großen" bestimmt. Die Faszination einer Geschichtsauffassung, deren Authentizität auf der Basis exakter Quellenforschung ruhen sollte, beflügelte beide. Daß Menzels geistreiche, künstlerisch neuartige Holzschnitte dem allgemeinverständlichen Text nicht nur adäquat waren, sondern in ihrer oft eigenständigen Interpretation über ihn hinausgingen, macht den bleibenden Wert des Buches aus. Menzels Illustrationen bedeuteten zudem eine Wiederbelebung der deutschen Holzschneidekunst seit Dürer. Insofern war Kuglers Buch mehr als nur ein Pendant zu der kurz zuvor erschienenen „Histoire de Napoléon" von Laurent de L'Ardèche mit den Holzschnitten Horace Vernets. Franz Kugler, Sohn eines wohlhabenden Kaufmanns aus Pommern, hatte aufgrund seiner umfassenden Bildung und vielseitigen Talente eine Hochschulkarriere eingeschlagen und war zugleich zuständig für Kunstangelegenheiten im Ministerium Eichhorn. Seine damalige Wohnung in der Friedrichstraße nahe dem Belle-Alliance-Platz war im gesellschaftlichen Leben Berlins ein wichtiger Treffpunkt. Es war wohl ein einfaches Heim, aber Fontane, manchmal bespöttelt wegen seiner eigenen schlichten Wohnung, erinnerte sich, daß er in der heiteren, geistigen Atmosphäre des Kuglerschen Hauses „die schönsten Stunden verbracht, schöner als in manchem Schloß..."[24] Kugler hatte Menzel nach dem Abschluß ihres Buches für den Direktorenposten der von Heinrich Theodor von Schön gegründeten Akademie zu Königsberg (seit 1842 mit dem Status einer höheren Kunstschule) vorgeschlagen. Menzel hatte das Amt allerdings abgelehnt.[25] Sein Wille, eine unabhängige Künstlerexistenz zu führen, war unumstößlich. Hilfreich auf dem Weg zu diesem Ziel waren die gesellschaftlichen und freundschaftlichen Verbindungen, die Menzel durch Kuglers Vermittlung nach seiner Aufnahme in den Kreis der literarischen Gesellschaft „Tunnel über der Spree" fand. Seit 1850 war er unter dem „Tunnel"-Namen „Rubens" ihr Mitglied.[26] In diesem Männerbund fanden die unterschiedlichen gesellschaftlichen Schichten und Berufe ohne Standesdünkel zusammen. Das Klima war liberal bis konservativ, ein Pseudonym verschleierte an den geselligen Abenden die Rangunterschiede. In einem anregenderen Zirkel, dem „Rütli" (Rhythly), schlossen sich 1852 die engeren Freunde zusammen. Neben Kugler waren das Theodor Fontane, Paul Heyse und Theodor Storm, Friedrich Eggers, der Herausgeber des „Deutschen Kunstblattes", der Provinzial-Schulrat Karl Bormann, zwei langjährige Freunde und Korrespondenzpartner Fontanes, Leutnant Bernhard von Lepel und Wilhelm von Merckel, späterer Kammergerichtsrat, und, nicht zu vergessen, Adolph Menzel.

An den Umständen, die die Restaurierung der seit Ende des 18. Jahrhunderts mehr und mehr verfallenden Marienburg verzögerten, läßt sich der Wandel der Ideologie des Preußentums vor und nach der Revolution von 1848 ablesen. Auch die Theorien Theodor von Schöns spiegeln die Veränderungen wider. Als preußischer Beamter noch maßgeblich an den Stein-Hardenbergschen Reformen beteiligt, Staatsminister unter Friedrich Wilhelm IV., zerbrach seine Freundschaft mit dem König, und er quittierte 1842 den Dienst. Er wurde Burggraf der Marienburg und war zuletzt Oberpräsident der Provinz Preußen. 1856 starb er vierundachtzigjährig. Nach seinen Ideen zu Wiederaufbau und Nutzung der ehemaligen Ordensburg sollte sie als Nationaldenkmal an die Befreiungskriege von 1814/15, die preußischen Reformen und die angeblich vom Ordensstaat überkommene ‚Sendung' Preußens erinnern. In seinen noch weiterführenden Vorstellungen zeigte sich eine seltsame Verquickung von spezifisch preußisch-patriotischen und deutsch-nationalen Elementen. Der Deutsche Orden war Schön und seinen Anhängern Symbol für Preußens Anfänge. – Das einfache Eiserne Kreuz der Befreiungskriege war das Zeichen des Ordens. – Die Wurzeln dieses Denkens lagen in der Verklärung des Mittelalters, das auf der Suche nach identitätsstiftender deutscher Vergangenheit zur Zeit der Romantik entdeckt worden war. Die restriktive Epoche nach der Revolution von 1848 machte die altpreußisch-liberalen Reformträume zunichte. In der zweiten Jahrhunderthälfte begann sich die Wandlung zu manifestieren. Der Ordensstaat wurde nun zum historischen Bollwerk für eine von vielen Seiten erwünschte Germanisierung der angrenzenden Völker im Osten.

1855 wurde die Restaurierung der Burg neu in Angriff genommen, und die Malereien sollten endlich zur Ausführung gelangen. Menzel hatte nach so vielen Jahren neue Entwürfe gemacht, die die naiven Züge der ersten verloren hatten und sich deutlicher an die vier Apostel Dürers anlehnten. *Dann kommen auch noch im alten Jahr die bewußten 2 Hochmeister zur Marienburg an die Reihe, davon ich eine gute Photographie zurückerhalten...*[27], schrieb Menzel zu Beginn des Jahres 1855, diese Entwürfe erwähnend, an Paul Heyse nach München. Heyse, der 1854 Franz Kuglers Tochter geheiratet hatte, war im Herbst desselben Jahres nach München gezogen. An ihn ist auch der folgende Brief vom 19. Oktober 1855 gerichtet, in dem Menzel ungewöhnlich ausführlich von der nun endlich gemachten Fahrt nach Marienburg und der anschließenden ersten Reise nach Paris erzählte:

Geliebter, als ich vor meiner Reise nicht, und unterwegs schon gar nicht und seit wir zurück sind bis jetzt auch nicht dazu kam, Dir zu schreiben so beschwichtigte ich mich zuletzt und sagte oder sage jetzt: Besser viel wenn auch selten als oft aber wenig. Zuerst immer meinen wärmsten Glückwunsch! Gott erhalte ihn Euch und lasse ihn sich entwikkeln Dir ebenbürtig. Übrigens wie Kugler sagt sichern ihm seine Kundgebungen bereits einen ehrenvollen Platz unter den meisten Wunderkindern, das ist recht achtbar von ihm. Für Augenblicke nun wo Du als jubelnde Lerche Dich aus Deinem Himmel hinabläßt etwa neben der Kaffeetasse, stehe hier das Kurze und Lange meiner irdischen Fahrten seit dem 1. August, da ich selband mit meiner Schwester welche mir gleichfalls aufrichtigste Glückwünsche und Grüße aufträgt – niedersaß ins Coupe gen Marienburg, wo es auf einen (etwa 14tägigen) Aufenthalt abgesehen war, 2 Figuren von Hochmeistern lebensgroß im Remter fresco zu malen. Ich wurde in 9 Tagen fertig. Das Schloß ist dann allerdings ein grandioses besonderes und in seinen nicht restaurierten und von Altersher auch nicht verbalhornten Partien höchst malerisches Ding. Was die deutschen Ritter doch vermochten! ihre Schlösser und sonstige Kriegsbauten hat Napoleon noch bewundert wie mir unter vielem Anderen der alte Schön erzählte, der mir als aber immer noch Funken gebende Versteinerung aus der großen Zeit ebenso interessant war. Auf der Rücktour besahen resp. bekletterten wir bei Dirschau auf Haushohen Leitern den kolossalen Brückenbau über die Weichsel und ihre flachen Ufer. Nach gethanem Vergnügen der Arbeit ging es dann an die Arbeit des Vergnügens, d.h. nach Cöln, uns ein wahres Labsal auf das einsilbige Leben in dem Nest Marienburg.

Die Stadt (Cöln) an sich fand ich mit Ausnahmen der Kirchen des Rathauses etc: unter meiner Erwartung. Fast einzig das Treiben an und auf dem Rhein hat uns aus dem Fenster oft stundenlang erquickt. Der Dom – nun ja, da ist selbst nur das Alte gerechnet ein Weltwerk. Und die Art wie sich das Jetzige an das Alte anschließt, ist in der Güte der Arbeit allerdings vortrefflich, man mag übrigens zu dem Unternehmen meinen was man will. Im Innern noch herrliche Chorstühle, der famose große Christoph von Stein und bemalt, ich mußte lachen vor Bewunderung, die Mimik, wie schwer er trägt! Das berühmte Dombild ist doch sehr schön, schöner als ich es den Archäologen immer geglaubt, z.B. auf der linken Tafel (der 11000 Jungfr.) da sind Köpfe drunter, so ächte Mädels! ein Artikel der den Malern gar nicht immer gelingt. Im Totaleindruck des Innern jedoch im moralischen Eindruck auf den Eintretenden ist er gar nicht zu vergleichen mit dem Wiener Stephan, welcher in seiner Altersschwärze erfüllt von dem Andachtsbrodem der Jahrhunderte überwältigend wirkt. Den Kölner hat die anschließende Kunsttendenz purifiziert von allen Zuthaten der späteren Zeiten, er hat ein vollkommen geläutertes aber auch etwas ausgeleertes Aussehen, man vermißt gleichsam den Bart des hohen Alters. Wie unnöthig ist aber all dies mein Gerede. Du kennst das Alles doch gewiß selbst, kannst Dir demnach auch unser Plaisir vorstellen, daß wir den ganzen Rhein entlang hatten, zu Schiffe, zu Wagen, zu Fuß, zu Esel; Seitenthäler durchstrichen, Ruinen durchklettert, welche himmliche Landblicke genossen vom Cölner, Strasbourger, vom Loreleyfelsen herab, im Schwarzwald, Heidelberg, zuletzt wieder Vendome-Säule und Montmartre etc.[28]

Während Menzel, am 27. September mit seiner Schwester aus Paris zurückgekehrt, den Freunden des „Rütli" von seinen Eindrücken berichtete, schrieb der abwesende Fontane aus London an den „Vielgeliebten Rütli" einen langen Brief, widmete jedem „Rütlionen" darin eine längere Sentenz und Menzel folgendes Gedicht, in dem er humoristisch auf dessen Aufenthalt in Marienburg anspielt:

„Lieber Rubens.
Auf der Nogat grünen Wiesen
Steht ein Schloß in Preußenland,
Das die frommen deutschen Riesen
Einst ‚Marienburg' genannt.
Manch gelb-grün-roter Kleister
Klebt als Bild dort auf dem Stuck,
Endlich, endlich kam ein Meister,
Und das war ein großes Gluck.
Ach, ich kenn ihn nicht, den Alten
Den mit Schild und Speer und Schwert
Und mit langen Mantelfalten
Meister Menzel dort verklärt;
Ach, ich würde gerne fragen,
Ist es Albrecht, Salza, Pfau?
Doch – kein Buch, um nachzuschlagen,
Und ich kenn sie nicht genau.
‚Nun adieu, du alter Remter,
A présent il faut que j'aille!'
In die Tuilerien kömmt er
Und vor allem nach Versailles;
Ach, er sieht sehr schöne Rahmen,
Schöne Bilder auch dazu,
Vernet und sein eigner Namen
Stoßen an auf du und du.

Daß ich, wie's (Ihre Erlaubnis dazu vorausgesetzt) eigentlich meine Absicht war, nicht dazu gekommen bin, mit Ihnen in Paris Bilder zu verschlingen, werd ich ewig bedauern. Leben

Sie wohl und zeigen Sie der Welt wieder einmal, was eine Harke ist."[29]

Die zehn Bilder der Hochmeister an den beiden mit Blendfenstern versehenen Wänden des Großen Remters waren von den beteiligten Malern in einer 1846 von dem Münchner Schlotthauer erfundenen Technik der Stereochromie (Wasserglasmalerei), einer Art Freskomalerei, ausgeführt worden. Neben Menzel arbeiteten die Berliner Eduard Daege, Carl Heinrich Hermann und Gustav Graef sowie der Breslauer Ludwig Rosenfelder, der seit 1845 der lange gesuchte erste Direktor der Königsberger Kunstakademie war. Menzel hielt die Künstler beim Malen auf den Gerüsten im Remter in einer Skizze fest. Obwohl er wahrscheinlich die Kartonentwürfe, sicher aber deren Photographie, die er Heyse gegenüber erwähnte, mitgenommen hatte, veränderte er beide Kompositionen in einigen Details wesentlich. Die engstirnige Besprechung 1856 in den „Dioskuren" fiel besonders für Menzel negativ aus. Beginnend: „Aber auch die Figuren A. Menzel's befriedigen keineswegs", sezierte der Rezensent Haltung, Gewandung und Ausdruck derselben und kam zu Äußerungen wie, „aber eben dieses Gesicht, dessen Züge in allerlei Winkel und Grübchen verknuspert sind, sieht wahrhaft grimmig aus, ohne daß wir erfahren können, worüber denn dieser würdige Hochmeister sich innerlich so abärgert..." Im „unbestellten" und „zu wirklichen" Bären zu Füßen des Luderus einen „Tendenzbären" für die überwundene Barbarei sehen zu wollen, fand man, sei „ein zu großer lyrischer Sprung". Trotz der Meinung, daß „die Ausführung zu skizzenhaft" sei, wurde immerhin als „Vorzug" eingeräumt, sie sei „lebendig".[30]

An Menzels Kunst kritisierte man damals vor allem ihre Wirklichkeitsnähe. Die Verständnislosigkeit für seinen Realismus steigerte sich 1860 in den fortgesetzten Angriffen Max

Maler auf Gerüsten im Sommerremter
der Marienburg. 1855

Die Hochmeister Siegfried von Feuchtwangen und
Luderus von Braunschweig. 1846

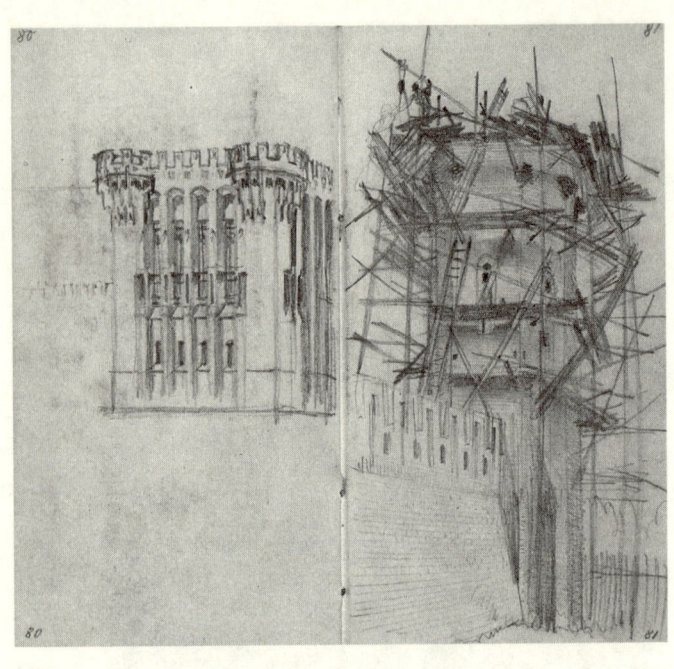

*Hochmeisterpalast und Bauarbeiten auf der
Marienburg. 1855*

Schaslers, des im Lager der Idealisten Münchner Ausprägung stehenden Kunsthistorikers und Herausgebers der „Dioskuren". Das Objekt seiner Anwürfe war Menzels Historiengemälde *Begegnung Friedrich des Großen mit Joseph II. in Neisse 1769*.

Einige Zeichnungen, die Menzel während seines Aufenthaltes in Marienburg machte, zeigen, wie wenig ihn eigentlich das bedeutende Motiv interessierte, sondern daß vielmehr der eigene Blick auf die Dinge und persönliche Empfindungen wichtig waren. Außer architektonischen Details der Burg entstand eine besonders schöne Bleistiftzeichnung, die eine prächtige Baumgruppe neben einem hölzernen Bauzaun darstellt und nur ganz nebenbei, hinter den Zweigen, eine Ecke des Zinnenkranzes des bekannten Hochmeisterpalastes aufscheinen läßt (Bayern, Privatbesitz). Ungewöhnlicher noch gibt ein Aquarell der riesigen Burganlage keine naturgetreue Ansicht wieder, sondern einen ‚Blick' Menzels, der alles zu einer neuen Erscheinung verändert. In seiner Ansicht über die Nogat hinweg auf die Marienburg sind die Proportionen der Gebäude, ihre Entfernungen voneinander so verzerrt, daß die Häuschen und Tortürme noch winziger erscheinen und die Burg mit ihren Gebäuden um so mächtiger alles überragt. Ihr spitzer, überhöhter Turm spießt sich wie eine Nadel in den Himmel.

Noch einmal hat sich Menzel 1897 an die Marienburg erinnert, als er in einer seiner Mappen eine 1855 begonnene Darstellung der alten Torhäuser an der Wasserseite wiederentdeckte. Er vollendete diese Gouache frei zu einer traumhaft wirkenden Vision der Marienburg in einem rotleuchtenden Sonnenuntergang. Die Architektur ist phantastisch verändert, es erscheint eine große Marienfigur neben der Toröffnung, zu der viele Leute wie Ameisen hinströmen. In einer hinterlassenen Notiz zur Entstehung des Bildes hatte Menzel

Abendstimmung auf der Marienburg. 1897

Studien nach Arbeitern. 1897

geschrieben: *Die Staffagefiguren sind teils Touristen und Publikum auf der Rast aus den Ostseebädern, teils heimkehrende Arbeiter in Sonnabendstimmung.* Er nannte das Blatt *Schwedentor zu Marienburg* oder *Sonnabend*. Drei Jahre hat er nach eigener Aussage noch einmal daran gearbeitet und viele neue Zeichnungen und Modellstudien zu den Figuren hinterlassen.[31]

Diese Gouache gehört zu den wenigen farbigen Arbeiten aus den späten Lebensjahren, in denen Menzel fast nur noch mit dem Bleistift arbeitete. Sie ist ein letzter Abschied von der Marienburg und von seiner einstigen, unerfüllt gebliebenen Sehnsucht nach der ‚großen Historienmalerei'.

Reise nach Lissa und Neisse
Drei Gemälde zu Episoden aus den
Schlesischen Kriegen Friedrichs des Großen
1856

In einem Brief an Paul Heyse vom Beginn des Jahres 1855 erwähnte Menzel neben seiner Vorbereitung der beiden Hoch-
meister-Gemälde im Großen Remter der Marienburg auch
einen Auftrag des Schlesischen Kunstvereins zu einem Bild
aus der Geschichte Schlesiens für die Galerie des Breslauer
Ständehauses. Es heißt dort: *Ferner ... Oil Vorarbeiten zum
neuen Bilde für die Breslauer, womit ich in diesem Augenblick bis zur Aufzeichnung auf der Leinwand gediehen bin,
und dann müßte es mit der Farbe losgehen. Ich will darstellen Fritzens' Pommersches Verfahren bei der Huldigung im
Fürstensaal auf dem Rathaus zu Breslau (1741 nach der
Schlacht bei Mollwitz). Es fehlte das Reichsschwert, –
wahrscheinlich hatten die Oesterreichischgesinnten es be-
seitigt, um den Akt zu stören – da zog er seinen Degen, um
die Stände darauf schwören zu lassen.*[32]

Das Ereignis, das Menzel auswählte, hatte sich im ersten
Schlesischen Krieg zugetragen und besiegelte mit der Über-
gabe des österreichischen Herzogtums Niederschlesien an
Preußen Friedrichs ersten militärischen Erfolg.

Es war kennzeichnend für Menzels psychologisches Interesse an der Person Friedrichs des Großen, auch diesmal eine
Szene zu bevorzugen, die mit einem einzigen Schlaglicht ein
Charakteristikum Friedrichs heraushob: seine unkonventionelle Art und die besonders in prekären Situationen aufblitz-
zende, sein Handeln lenkende Geistesgegenwart.

Die Folge der Friedrich-Gemälde war aus eigenem An-
trieb, ohne Aussicht auf Verkauf 1849 mit der *Bittschrift*

Huldigung der Schlesischen Stände vor Friedrich II. im
Fürstensaal des Rathauses in Breslau 1741. 1855

begonnen worden, in der Hoffnung, daß das Bild *das Saat-korn einer langen Aehre* werde.[33] Das Gemälde eines Zeit-ereignisses, die *Aufbahrung der Märzgefallenen,* hatte er zu-vor enttäuscht und entmutigt über die verlorene Revolution von 1848 als Fragment belassen.[34]

Ansichten der liberalen Opposition folgend, reifte seitdem in ihm die Vorstellung, das Geschichtsbewußtsein in seiner Zeit durch die Schilderung Friedrichs als eines Repräsentanten der Aufklärung wachzuhalten gegenüber der wachsenden Re-aktion unter Friedrich Wilhelm IV. Der erzieherische Gedanke zu einer Herrschaft der Vernunft, der schon den Geist des Kug-lerschen Buches bestimmt hatte, sollte nun auch in Menzels Gemälden wirken: ... *meine Intention war, den Fürsten dar-zustellen, den die Fürsten haßten, und die Völker verehrten, dieß war das Ergebnis dessen was Er war, mit einem Wort: den alten Fritz, der im Volke lebt. Dieß schien mir die für ein Volksbuch passendste Auffassung, jede Andere fand ich auch schon ausgesogen und ausgedroschen.*[35]

Die Restauration aber war bald schon spürbar. 1851 hatte Menzel an Arnold geschrieben: *Im Allgemeinen sind indeß hier die Zeitverhältnisse so drückend wie anderswo...*[36] Die reaktionäre Entwicklung der konstitutionellen Monar-chie brachte es mit sich, daß Menzels Propagierung des libe-ralen Freigeistes Friedrich nicht mehr genehm war. Was man von der bildenden Kunst erwartete, waren Repräsentation und Verherrlichung Preußens.

So waren seit 1860 einige aus der Folge von neun Gemäl-den zur Epoche Friedrichs der fortwährenden Kritik konser-vativer Publizistik ausgesetzt. Man verkannte das Neuartige in der Wahl der Themen, das Bedeutsame des psychologi-schen Moments in der genrehaften Auffassung und kritisierte das vermeintlich Zufällige, zu wenig Repräsentative oder das zu prosaisch Häßliche.

Ende 1856 hatte Menzel vier der Bilder vollendet, darunter die *Tafelrunde,* das *Flötenkonzert* und die *Schlacht bei Hochkirch,* malerisch und kompositorisch das beeindrukkendste unter allen.

Das ungewöhnliche Wagnis, den Schrecken eines Überfalls zu schildern und die drohend bevorstehende Niederlage, die selbst den König in das Getümmel seiner Soldaten getrieben hatte, stieß auf unausgesprochene Ablehnung und verzögerte den Verkauf des Bildes lange Zeit, bis der König – aus welchem Grund auch immer – das Gemälde erwarb. Friedrich Wilhelms IV. Verhältnis zu seinem Vorfahren war komplizierter Natur, aber Menzel verdankte seinem Auftrag zu den Holzschnitt-Illustrationen für die „Werke Friedrichs des Großen", daß ihm *die tragische Größe Friedrichs aufgegangen [war], die ihn an diesem Gegenstande so reizte.*[37]

Noch bevor Menzel das aus reiner Lust begonnene *Riesenbild einer Niederlage,* wie er es Albert Hertel gegenüber genannt hatte, vollenden konnte, erreichte ihn der Auftrag des Breslauer Kunstvereins, dem 1855 noch zwei weitere Aufträge zum Friedrich-Thema folgten.

Im Oktober 1855 hatte eine erste Zusammenkunft der 1854 gegründeten „Verbindung deutscher Kunstvereine für historische Kunst" in Dresden stattgefunden. Es erging die Bestellung je eines Gemäldes an Moritz von Schwind und Adolph Menzel; sie waren, dem Brauch entsprechend, für die Verlosung unter den Mitgliedern der Vereinigung vorgesehen. Bevor die Bilder an den Gewinner kamen, wurden sie auf einer zweijährigen Wanderausstellung in vielen Städten Deutschlands und Österreichs gezeigt. Menzel wählte für diesen Auftrag eine Szene, die 1769, sechs Jahre nach dem Siebenjährigen Krieg, stattgefunden hatte. Kaiser Joseph II., Nachfolger Maria-Theresias, hatte sich damals, im Interesse einer neuerlichen politischen Annäherung Österreichs und

Modellstudie zu Friedrich II. und Joseph II. 1855/57

Preußens und vornehmlich zur Klärung ihrer Positionen zum russisch-türkischen Krieg, aufgemacht, den lange verehrten Friedrich zu besuchen. Diese erste Begegnung der beiden freisinnigen Herrscher soll nach zeitgenössischen Berichten im Treppenhaus des bischöflichen Palais in Neisse stattgefunden haben. Bereits in Kuglers „Geschichte Friedrichs des Großen" hatte Menzel dieses Treffen illustriert. Doch anders als dort, wo beide Hand in Hand nebeneinander erscheinen, spitzte Menzel das Geschehen jetzt auf das psychologische Moment der gegenseitigen Freude über ihr Kennenlernen zu. Zwar griff er eine überlieferte Form der Fürstenbegegnung auf, die Umarmung, wie er sie z.B. aus einer Darstellung derselben Szene durch Chodowiecki kannte. Aber er steigerte die Intimität des für beide glücklichen Zusammentreffens unvergleichlich, indem er den Augenblick bannt, als der jugendliche Kaiser, mit wehendem Mantel die Treppe hinaufstürmend, die Hand des ihm von oben entgegenkommenden Friedrich ergreift, atemlos mit wie zum Kuß geöffneten Lippen zu ihm aufschaut und seinen Blick in den des verehrten Mannes sinken läßt. An dieser höfisches Zeremoniell überschreitenden Demonstration der Zuneigung beider Männer mußten sich herkömmliche Ansichten stoßen.

Eine Modellstudie zu beiden ist ganz auf die Spontaneität dieser Minuten konzentriert, während die farbige Ölstudie mehr von dem alle Etikette sprengenden Temperament des jugendlichen Kaisers, der seine Gefolgsleute in einem rosig diffusen Dämmer hinter sich zurückläßt, spiegelt. Das Schicksal des Bildes (Menzel mußte später erfahren, daß der ‚Gewinner' desselben, der Großherzog von Sachsen-Weimar, lange Zeit nicht einmal die Kiste hatte öffnen lassen, in der es ihn erreichte) sowie die permanente Kritik, der es nach der Ausstellung in München 1859 durch Max Schasler ausgesetzt war, mögen dazu beigetragen haben, daß sich Menzel

innerlich von seinem Lieblingsthema Friedrich zu lösen begann. Schasler disqualifizierte die lebendige, ungezwungene
Erfassung der seelischen Ergriffenheit in dieser historischen
Darstellung als Karikatur. In seinem Aufsatz: „Was thut der
deutschen Historienmalerei Noth?", der in Fortsetzung in
seinem Blatt, den „Dioskuren", erschien, hatte Schasler dem
Gemälde alle Kennzeichen eines Historienbildes abgesprochen, wie das des idealen repräsentativen Motivs und das der
Würde und Hoheit in der Erscheinung der Personen. Schasler
schrieb über Menzel: „Er ist ein Feind der Abstraktion, küm-
mert sich um das Allgemeine gar nicht; er malt nur das Besondere, Persönliche, Zufällige – mit ungemeiner Drastik,…
geht in seiner konkreten Schilderung bis zur Liebhaberei
des Häßlichen; ein beschmutzter Stiefel ist für seine Art der
Charakteristik wichtiger als eine Andeutung des ideellen
Moments…"[38]

Ja, Menzel hatte 1847 Paul Delaroches Gemälde „Napoleon I. zu Fontainebleau" gesehen. An C. H. Arnold schrieb
er: *Wir haben vor Kurzem auch ein Neues Bild von Delaro-
che hier gehabt, (gehört dem Consul Schleter in Leipzig)
Napoleon zu Fontainebleau vor der Abdankung. (Lebensgroß, ganz allein sitzend.) Mit Beschreiben ist hier nun
nichts gethan, ich hätte Ihnen aber gewünscht es zu sehen.*[39]
Man kann annehmen, daß sich in dieser lapidaren Bemer-
kung Bewunderung ausspricht. Die Diskussion um das Bild
hatte sich an den kotbespritzten Stiefeln Napoleons entzün-
det. Menzel begriff wohl bei seiner realistischen Malweise die
Wichtigkeit von Äußerlichkeiten, mit denen er eine sensible
Individualisierung und die Erzeugung einer vollkommenen
Illusion erreichte. Aber daß er Naturnähe immer der Bildwir-
kung unterwarf, also durchaus keinen Naturalismus beab-
sichtigte, wird aus einem Brief von 1859 an den Maler und
Kunstschriftsteller Friedrich Pecht deutlich, der ihm aus

*Begegnung Friedrichs II. mit Joseph II. im bischöflichen
Palais in Neisse 1769. 1855/57*

München entgegen der offiziellen Aburteilung des Neisse-Bildes seine Bewunderung mitgeteilt hatte. Menzels Unbeirr-barkeit in seinem Kunstwillen und seine Festigkeit gegenüber *einer servilen Journalkritik* werden in diesem Brief deutlich. Außerdem schrieb er: *Sie wünschen eine Auskunft über An-wendbarkeit jener bewußten Rockfarbe,* deren Herkunft er auf der Königlichen Kunstkammer genauestens an Friedrichs Uniform studiert habe, um am Ende folgendes Fazit zu for-mulieren: *...indeß auch mir paßte der schwarz-bläuliche Ton besser ins Bild-ensemble, und ist meine ich überhaupt mit möglichst erschöpfenden Forschungen über dieß Alles nicht der Zweck eines prosaischen Klotzes an den Fuß zu verbinden, sondern gerade die Freiheit der Auswahl, für das Erfordernis des Kunstwerks.* Schon in seinen Anfängen hatte Menzel geäußert, daß er die Natur *mehr geistreich und karackteristisch behandelt, als peinlich [genau]* sehen wolle, *denn: nicht Alles ist naturwahr, was der Natur ängstlich genau nachgeschrieben ist.*[40]

Das dritte Gemälde behandelt ebenfalls eine Begegnung zwischen Preußen und Österreichern auf schlesischem Bo-den, wenn auch ganz anderer Art. Diesmal waren es die Auf-traggeber, der Herzog und die Herzogin von Ratibor aus Rauden in Oberschlesien, die jene Episode aus dem Sieben-jährigen Krieg erbeten hatten, in der Friedrichs phänomenale Geistesgegenwart ihn in Lissa nach dem knapp errungenen Sieg bei Leuthen am 5. Dezember 1757 vor einer möglichen Verhaftung durch die Österreicher bewahrte.

Friedrich war mit einem kleinen Husarentrupp nachts in Lissa eingerückt, um eine in der Nähe befindliche Brücke über das Weistritzer Wasser zur Verfolgung der Österreicher zu sichern. Sie wurden bemerkt und beschossen. Friedrich schickte um Verstärkung und ritt mit wenig Begleitung aufs Schloß. Im Hof begegnete er durch die Schießerei aufgeschreckten österreichischen Offizieren. Das Weitere beschrieb Kugler in seinem Buch, in dem Menzel die Szene illustriert hatte: „Erstarrt blieben sie stehen, als Friedrich mit seinem Adjutanten ganz ruhig vom Pferd stieg und sie mit den Worten bewillkommnete: ‚Bon soir, Messieurs! Gewiß werden Sie mich hier nicht vermuten. Kann man hier auch noch mit unterkommen?'" Vielleicht glaubten die Österreicher Friedrichs Heer in der Nähe, jedenfalls nutzten sie in ihrer Verblüffung nicht die Chance, sich des Königs zu bemächtigen.

Diese populäre Anekdote war schon häufig dargestellt worden. Daß Menzel sie wegen ihres besonderen psychologischen Effektes gern aufgriff, um sich malerisch daran zu erproben, liegt nahe. Er inszenierte die Szene im Dunkel des Treppenhauses im Inneren des Schlosses, steigerte dort die Dynamik der Überrumplung durch die im flackernden Schein weniger Lichter den hohen Bogen der Treppe herunterhastenden Offiziere, so sichtliche Verwirrung suggerierend. Dieser wild wirkenden Schar tritt Friedrich mit Zieten im Gefolge souverän, den Dreispitz lüftend entgegen. In der Ölstudie erscheint die spannende Konfrontation Friedrichs mit dem hinzueilenden, gerade noch den Mantel raffenden österreichischen Offizier, zwischen denen ein Soldat die Laterne hochhält, abgemildert gegenüber der spontanen Farb- und Bewegungsgewalt des Gemäldes. Es blieb jedoch unvollendet. Der Auftrag wurde zurückgezogen, weil der Herzogin von Ratibor die Szene zu „wüst" erschien. Sie hätte den auf diesen Überraschungsaugenblick folgenden repräsentativeren Moment bevorzugt, als Friedrich sich im oberen Saal die österreichischen Offiziere vorstellen ließ. Gegenüber Alfred Lichtwark, der das Gemälde 1902 für die Hamburger Kunsthalle erwarb, äußerte Menzel, daß der unvollendete Zustand das Geschehen durchaus angemessen zur Geltung brächte. Er

Das Schloß in Lissa. 1856

mußte empfunden haben, wie sehr die noch ungebändigte Form dem sensationellen Vorgang entsprach.

Vor der Ausführung beider Bilder hatte sich Menzel am Ort der Ereignisse in Schlesien inspirieren lassen. Er schrieb dem Freund und Maler Fritz Werner im März 1856: *Inzwischen bin ich im Begriffe 2 neu bestellte Friedrichbilder anzufangen. Das eine für den im vorigen Jahr zusammengetretenen ‚Verein für hist. Kunst‘, da habe ich mir gewählt: wie sich Fr. I und Joseph II das erstemal von Angesicht kennen lernen, das bekannte Zusammentreffen auf der Treppe im bischöflichen Palais zu Neisse. Ich bin an Vorarbeiten dazu. Der Besteller des anderen hat sich gewünscht: wie er die österr. Offiziere im Schlosse zu Lissa überrumpelt. Beide werden circa 8 Fuß oder was darüber. Ich reise hin und nehme mir die Örtlichkeiten die noch existieren n. d. N.* [nach der Natur].[41] Menzel wollte auf authentische Studien der Gebäude und des Ambientes auch hier nicht verzichten. Diese Kenntnisse waren ihm unerläßliches Fundament für die fiktive Spontaneität seiner historischen Schöpfungen. Das blieb sein Credo, auch als er sich viel später ganz den Themen der Gegenwart zugewandt hatte.

In dem nur wenige Kilometer westlich von Breslau gelegenen Städtchen Lissa skizzierte Menzel die Seitenansicht des Schlosses, das Treppenhaus, einige Details der barocken Inneneinrichtung und malte ein Deckfarbenblatt, den Blick auf eine Fensterfront des oberen, im Rokokostil ausgestatteten Saales. Vom Treppenhaus des bischöflichen Palais im südlich von Breslau gelegenen Neisse entstand ein Grundriß. Vergleichbar hatte er Grundrisse auch vom Konzertsaal des Schlosses Sanssouci für sein *Flötenkonzert* und später von der großen Halle im Schienenwalzwerk in Königshütte in Oberschlesien für sein *Eisenwalzwerk* als Kompositionsgrundlage entworfen.

Marktplatz in Neisse. 1856

Marktfrauen in Neisse. 1856

Der Marktplatz in Neisse mit dem hohen gotischen Rat-
hausturm, dem Giebel der Kirche und dem Marktbrunnen ist
in einer Gesamtansicht festgehalten. Frauen in großen Um-
schlagtüchern mit Körben wurden vielleicht auf diesem
Markt skizziert. Menzel erinnerte sich in einem Brief, den er
im Herbst 1860 aus Rheinsberg an seine Geschwister schrieb,
kurz an diesen Aufenthalt mit den Worten: *Die tägliche
Tischgesellschaft unten wie zu Marienburg oder Neisse,
nur in Civil.*[42] Er hatte diese Herren in Uniform an seiner
table d'hôte in Neisse auch ins Skizzenbuch gezeichnet.
Wahrscheinlich auf der Rückreise, die ihn über Kamenz und
Grüssau geführt haben könnte, entstanden einige Blätter, die
stilistisch hier einzuordnen sind. In Kamenz zeichnete er mehrere Außenansichten der ehemaligen barocken Klosteranlage
und Kirche und eine gewölbte Halle mit einem schmiede-
eisernen Gitter, in Grüssau ein Interieur der barocken Zister-
zienser Klosterkirche St. Marien. Die Zisterzienserabtei in
Grüssau ist das künstlerisch eigenwilligste Werk schlesischer
Barockbaukunst, in dem böhmische Formen mit denen des
österreichischen Barock Jakob Prandtauers zu einer ein-
drucksvollen Synthese gelangen. Menzels Neigung zur Kunst
des Barock und des Rokoko hatte sich seit den vierziger Jahren durch die Illustrationsarbeiten zu Leben und Werk Friedrichs des Großen immer mehr vertieft. Er zeichnete und aqua-
rellierte damals den seit dem Siebenjährigen Krieg ruinös da-
liegenden Dresdner Zwinger, zwei Jahrzehnte bevor der seit
dem Klassizismus verpönte Stil durch Jacob Burckhardt erste
Erwähnung fand und lange bevor in den achtziger Jahren
eine allgemeine Beachtung einsetzte.[43] Menzel liebte die barocke Baukunst mit ihren theatralischen Effekten der Lichtwirkungen und Formen, in den neunziger Jahren vom Neobarock adaptiert, bis an sein Lebensende. Viele seiner späteren Sommerreisen führten ihn in die Zentren barocker Kunst,

Gewölbte Halle im Kloster zu Kamenz. 1856

Innenraum der Klosterkirche in Grüssau. 1856

Schmiedeeisernes Tor im Kloster Neuzelle. 1869

Tor neben der Klosterkirche in Neuzelle. 1869

Klostergebäude in Neuzelle. 1869

Der Klostergarten in Neuzelle. 1869

wo er in Schlössern und Kirchen Motive für die schönsten seiner Zeichnungen und Gouachen fand.

Es soll an dieser Stelle Menzels Reise erwähnt sein, die ihn 1869 ausschließlich zu einem barocken Kunstwerk führte, zu der in der Mark Brandenburg ganz singulär dastehenden Abteikirche in Neuzelle. Gestiftet als Zisterzienserkloster, 1817 von Preußen säkularisiert, war es der bedeutendste Sakralbau der Niederlausitz in Brandenburg, gelegen zwischen Frankfurt/Oder und Guben. Baufreudige Äbte hatten die Klosterkirche und die Pfarrkirche zum Heiligen Kreuz Anfang des 18. Jahrhunderts barock modernisiert. Vor allem ihre glanzvolle hochbarocke Innenausstattung machte die Bauten mitsamt ihrem zierlichen Garten weithin berühmt. In Neuzelle war verschmolzen, was seine Baumeister an berühmten süddeutschen, schlesischen und böhmischen Kirchen und Klosteranlagen der Barockzeit kennengelernt hatten. Menzel hat seltsamerweise von der einzigartigen Schönheit der Kirchen und ihrer Interieurs in seinem Skizzenbuch nichts festgehalten und wie beiläufig nur einige wenig charakteristische Details gezeichnet.

Königsberg
Lebenskrise und Auftrag zum Krönungsbild
1861

Das Jahr 1861 brachte eine Wende in Menzels Leben, das in den sechziger Jahren zunehmend in eine Krise geraten war. Unterschiedliche Faktoren wirkten zusammen, um Menzel an diesen Tiefpunkt zu führen.

Vor allem hatten die tendenziösen Kritiken der Vertreter der ‚idealen‘ Kunstrichtung an seiner Interpretation der historischen Figur Friedrichs des Großen und an seiner wirklichkeitsnahen, bisweilen angeblich die Grenze zum Häßlichen überschreitenden Malweise dazu geführt, daß Menzel nichts mehr verkaufen konnte und in Schulden geraten war. *Denn ein solcher Solist, der keines Meisters Leitung, keines Hochmögenden Protection etwas verdanken wollte – habe er sich auch Werthschätzung, wieviel immer erworben, wird doch nur sehr saumselig gefördert, halb widerwillig (Wie ich mich grundsätzlich nie um etwas beworben, so bin ich auch nie irgend womit oder nie weder vom Staate noch von Privatseiten unterstützt worden)…*[44] Aus dieser rückblickenden Betrachtung in einem Brief von 1878 an Friedrich Pecht läßt sich ersehen, daß zudem sein Stolz und Unabhängigkeitssinn die Situation nicht erleichtert haben.

Der künftige Heroen- und Kriegskult unter Wilhelm I. entsprach nicht Menzels Auffassung. Er hat dieses Feld der Geschichtsmalerei anderen Künstlern überlassen. So bereitete sich in ihm die Abkehr von der Historie hin zu Themen des Alltags seiner Gegenwart schon vor. Er mußte diesen Wandel zwangsläufig vollziehen, um den Prinzipien seines Realismus treu bleiben zu können. Zwei Werke stehen an dieser

Wende, das eine den Endpunkt, das andere den Neubeginn markierend: die unvollendet gebliebene *Ansprache Friedrichs des Großen an seine Generale vor der Schlacht bei Leuthen am 5. Dezember 1757* und die *Krönung Wilhelms I. in Königsberg am 18. Oktober 1861*. Beide Bilder hatten Menzel zu der resignierten Erkenntnis geführt, die er später als Scheitern empfand, daß es ihm nicht gelungen war, mit seiner Historienmalerei liberale Gedanken und Vorstellungen zu fördern.

Das ‚Scheitern‘ jedoch war notwendig vorbestimmt. Die Zeitgeschichte hatte sich verändert. Was in Menzels Jugendzeit unter der Regierung Friedrich Wilhelms IV. an freiheitlichen Hoffnungen in der Kunst weiterleben durfte, das war unter seinem Bruder und Nachfolger Wilhelm I. bald nicht mehr hoffähig. Menzel hat diese späten fünfziger Jahre bis zum Auftrag für das Krönungsbild als Jahre des Mißerfolgs und finanzieller Not erlebt. Überdies erkrankte Menzel 1861 schwer. Die liberale Neue Ära, die von 1859, der Übernahme der Regentschaft durch den Prinzen von Preußen, bis in das erste Jahr seiner Regierung 1862 dauerte, war eine Zeit innerer Machtkämpfe, die auch in der Kunstpolitik spürbar wurden. Möglicherweise hatte gerade diese Phase, deren Kurzlebigkeit noch nicht erkennbar war, Menzel ermutigt, seiner Idee vom aufgeklärten Monarchen mit dem Leuthen-Bild einen Höhepunkt innerhalb seines Friedrich-Zyklus zu schaffen. Im Sommer 1859 schrieb er an den Freund Adolf Schöll nach Weimar: *In meinen Affairen habe ich mich einmal wieder im Großen engagiert mit einer Aufgabe, wenn Gott gibt, daß ich sie leiste: nämlich des Fritzens Rede an seine Leute vor dem va banque von Leuthen. Es gilt hie einen moralischen Eindruck zu machen...*[45]

Das klingt nach neuem Elan. Menzel plante, Friedrich als Spiritus rector des historischen Ereignisses darzustellen, faß-

Bon soir, Messieurs! (Friedrich der Große im Schloß von Lissa 1757). 1856

Saal im Schloß von Lissa. 1856

Die Marienburg am Ufer der Nogat. 1855

Innenraum der Schloßkirche in Königsberg. 1861

Der Judenfriedhof in Prag. Um 1852/53

In der Altneuschul-Synagoge in Prag. 1866

*Drei gefallene Soldaten in einem Schuppen
in Königinhof. 1866*

Selbstbildnis mit Arbeiter am Dampfhammer. 1872

bar in seinem entschiedenen Versuch, in aussichtsloser Lage Schlesien zurückzugewinnen. Zwei Jahre fast hatte sich der Siebenjährige Krieg zwischen Siegen und Niederlagen hingezogen, als nach der verlorenen Schlacht vor Breslau im November 1757 die Österreicher wieder eingezogen waren. Friedrich war entschlossen, trotz der Übermacht des österreichischen Heeres Schlesien wiederzuerobern. Mit einer gegen alle Regeln ausgeführten „schiefen Schlachtordnung" der Infanterie und dem nachfolgenden Flankenangriff der Kavallerie sollte ihm das gelingen. Dieser Plan, der sich als genial erwies, ist später sehr bewundert worden. Menzels ehrgeiziges Ziel ging dahin, die historische Begebenheit auf jenen psychologischen Vorgang zuzuspitzen, der der Schlacht vorausgegangen war: Auf die berühmt gewordene Ansprache, die Friedrich zwei Tage zuvor an seine Generale gerichtet hatte. Kraft seiner Rhetorik war es ihm, der aus dem Wagnis des va banque kein Hehl gemacht hatte, gelungen, die völlig deprimierte Armee für diesen Kampf zu motivieren. Trotzdem er auf den Pflichtkodex und Gehorsam des preußischen Militärs bauen durfte, war Friedrichs Äußerung bemerkenswert, jedem ohne Vorwurf den Abschied geben zu wollen, der sich fürchte, den bevorstehenden Kampf auf Leben und Tod mit ihm zu teilen.

Daß Menzel die Arbeit an diesem Bild später ganz aufgab und es unvollendet ließ, hatte mehrere Gründe. Ein äußerer lag in der inzwischen nicht mehr aktuellen aufklärerischen Interpretation des Königs, die der gewünschten Heroisierung entgegenstand. Ein innerer Grund ließe sich in eigenem künstlerischen Versagen vor der selbstgestellten Aufgabe sehen, ausschließlich in den Gesichtern der versammelten Offiziere das mitreißende Feuer der Rede des Königs, seinen Esprit und liberalen Tenor der Verbundenheit mit ‚den Seinen' zum Ausdruck bringen zu wollen. Menzel hat das Scheitern an dem Bild also doppelt empfinden müssen und bis in seine späten Tage beklagt. Das unvollendete große Werk blieb in seinem Atelier zeitlebens seinen kritischen Augen ausgesetzt.[46]

Aus den Gesprächen, die Ottomar Beta in den späten neunziger Jahren mit Menzel führte, geht hervor, wie *herzlich müde er Berlins* war und sich mit Gedanken trug, *nach Paris überzusiedeln*. Er litt darunter, *wie gegen ihn gearbeitet wurde*, daß er keine von seinen Gouachen und Skizzen verkaufen konnte, die 1861 im Berliner Kunstverein gezeigt worden waren. *Es muß etwas nicht richtig sein hier in Berlin*, charakterisierte er lapidar die konservativen Kräfte, die seinen sich immer deutlicher artikulierenden Realismus ablehnten und ihm verleideten, sein Werk fortzusetzen. Der „chronische Paroxysmus der Verbitterung", wie Beta es nannte, war in diesen Jahren in Menzel aufgekeimt, und er sollte eine Ursache bleiben für seine fortschreitende Vereinsamung.[47]

Menzels Anerkennung in Deutschland bereitete sich von Frankreich aus vor. Dort hatte man seine Malerei erstmals beachtet und zu schätzen begonnen, seit die *Tafelrunde Friedrichs des Großen* 1855 in Paris in der großen Kunst- und Industrieausstellung während der Weltausstellung zu sehen gewesen war. Französische Publizisten wie Edmond Duranty, A. J. du Pays, später Jules Laforgue urteilten freier und hellsichtiger. Sie sahen Menzels Realismus auf gleicher Höhe mit der zeitgenössischen französischen Kunst. Als Menzel 1855 von Marienburg nach Paris reiste, mußte er sich dort in seinem Bemühen um eine lebensnahe Kunstauffassung bestätigt finden. Autodidaktisch gebildet, war seinem dadurch geförderten Spürsinn für alles Wesentliche und seiner Gier nach allem Neuen die Gegenausstellung Gustave Courbets nicht entgangen. Courbet hatte seine Ausstellung kurz nach der Eröffnung der Weltausstellung gezeigt, in der er sein ästheti-

114

sches Programm, seine neue Kunst, „L'art vivant" genannt, vorstellte.

Anhand einer am Ort entstandenen Skizze malte Menzel nach seiner Rückkehr von Paris das Ölbild *Erinnerung an das Théâtre Gymnase*. Das war sein erstes Gemälde aus dem Leben einer Großstadt, damals ein ganz neues, modernes Sujet in der deutschen Kunst. Wie dieses zeichnen sich noch andere seiner Gemälde durch ihre neuartige Thematik aus. 1847 bereits hatte er das erste Bild einer Eisenbahn, die *Berlin-Potsdamer Bahn* gemalt, und später entstand mit dem *Eisenwalzwerk* 1875 die erste Darstellung industrieller Arbeit. Ahnend, wie wenig die deutsche Kritik für eine unkonventionelle Komposition wie das *Théâtre Gymnase* reif war, verbarg es Menzel wie alle seine frühen Gemälde der vierziger Jahre bis 1902 in seinem Atelier.[48]

Nach dem erwähnten Mißerfolg der Ausstellung im Kunstverein 1861 wurde Menzel krank und unterzog sich im Sommer desselben Jahres einer vierwöchigen Brunnenkur in Freienwalde. „Freienwalde – hübsches Wort für hübschen Ort", begann Fontane in seinen „Wanderungen durch die Mark Brandenburg" die Beschreibung des damals florierenden kleinen Badeortes und schilderte weiter: „Die Schönheit der eigentlichen Stadt ist mäßig, ihr Reiz liegt draußen auf den Bergen. Diesen Bergen verdankt es alles, was es ist: von dort aus kommen seine Quellen, und von dort aus gehen die Fernsichten ins Land hinein. Wer nicht kommt, um hier die Eisenquelle zu trinken, der kommt doch, um einen Blick in die ‚Märkische Schweiz' zu tun."[49]

In Freienwalde war es Menzel untersagt zu arbeiten, das hieß auch, zu zeichnen. Dafür hat er in Briefen an die Familie, zu der seit 1859 sein Schwager, der Komponist und Musikdirektor Hermann Krigar, gehörte, regelmäßig Bulletins seines Befindens gesandt. Begleitet von witzig-kuriosen Randzeichnungen, waren sie bemüht, alle Besorgnisse der Angehörigen zu zerstreuen.

Am 5. August 1861 schrieb er: *Geliebten! Alles in Ordnung. Der Himmel ist jetzt wieder wolkenlos mit leichtem Wind. Heute vormittag einen Gang nach Fährkrug, am Fuß der jenseitigen Berge gemacht, die ganze Breite des Oderthals hinüber durch eine herrliche alte schattige Weidenallee hindurch, rechts und links den Blick in endlose sonnige Felder, Wiesen, Gebüsche. Entgegen kommen einem in langen Zügen die hoch und noch mehr breit bepackten Heuwagen, wie die Mastschweine daherwackelnd; wären nur nicht meist solche alte schwache abgetriebenen Thiere davor, in dieser üppigen Natur ein Gräuel anzusehen. Dergl. entsinne ich mich überhaupt anders wo kaum so viele gesehen zu haben als hier. Auch den Menschen hier ist durchschnittlich von ihrem schönen Getreide und fetter Milch weniger anzusehen als sollte. Die allgemeine Überschrift heißt auch hier: Alles nach Berlin. Dagegen erweist sich das Gefühlselement im Menschen hier sehr reich besaitet: ich habe noch nie so viel greinen gehört und gesehen als hier, nicht bloß von Kindern. Genug. Gott erhalte Euch!*[50]

Aber trotz Kur unterließ es Menzel nicht, die neuesten Kunstereignisse zu verfolgen. Noch von Berlin aus hatte er dem Freund Fritz Werner in seiner Mitteilung der bevorstehenden Brunnenkur angekündigt, daß ihm zwar ihretwegen die Ausstellung in Köln entgehen werde, *aber zu dem Cours nach Belgien könnte ich noch zutreffen, wohin ich denn wirklich Lust hätte...* Der Diskurs wurde von Freienwalde aus fortgesetzt, in dem ihm auch Unerfreuliches aus der Kunstszene berichtet wurde, denn Menzel antwortete: *...skruple Dir nichts vor, als würde durch Schreibung gegenwärtigen Briefes merklich gegen mein hiesiges reglementmäßiges Nichtsthun, Nichtsdenken, Nichtsfühlen ge-*

sündigt werden..., um am Schluß seinen Wunsch zu bekräftigen, nach der Mitte August beendeten Kur nach Antwerpen fahren zu wollen.[51] Den Künstlerkongreß in Antwerpen, auf dem Gustave Courbet seine programmatische Rede zum Realismus halten sollte, und die neuerliche Realismusdiskussion mitzuerleben, ist Menzel schließlich auch dort gewesen.

Kaum von dieser etwa fünfzehntägigen Reise nach Berlin zurückgekehrt, erfuhr er am 12. Oktober durch den liberalen Kultusminister von Bethmann-Hollweg, daß der König ihm den Auftrag erteilt hatte, die Krönung Wilhelms I. zu malen, die am 18. Oktober in der Schloßkirche zu Königsberg stattfinden sollte. Menzel mußte das überraschen, und aus der kurzfristigen Aufforderung könnte man schließen, daß der Wahl ein lange währendes Für und Wider vorausgegangen war. Es war dennoch nicht der erste königliche Auftrag, der an ihn erging. Menzel hatte von 1843 bis 1849 200 Holzschnitte zur Prachtausgabe der „Werke Friedrichs des Großen" entworfen, die Friedrich Wilhelm IV. veranlaßt hatte, und 1854 zehn Deckfarbenbilder für ein Erinnerungs-Album an das „Fest der weißen Rose" von 1829 für die Zarin Alexandra, eine Schwester Friedrich Wilhelms IV. und Wilhelms I. gemalt. Doch war die Situation eine andere geworden, und im Mai 1861 noch hatte Menzel Fritz Werner auf eine offenbar von ihm geäußerte Vermutung geschrieben: *Einen Königl. Auftrag habe ich nicht, weiß auch gar nicht, daß dergl. zu haben gewesen, nichts von solchem Bau etc. klingt auch wirklich etwas gegen hiesiges Klima...*[52]

Unter den Historienmalern Preußens hatte vor allem Menzel bereits Anerkennung im Ausland gefunden, was neben der Stimme des freisinnigen Kronprinzen Friedrich, der Menzels Kunst schätzte, möglicherweise ausschlaggebend für seine Wahl gewesen war. Menzels Situation war derart, daß ihm, abgesehen von der rasch geforderten Entscheidung, eine

Ablehnung nicht denkbar war. Selbst wenn er diese Staatsaktion wie manche Zeitgenossen kritisch gesehen hätte, empfand er zwar bürgerlich-liberal, aber auch königstreu. Er mußte diese Aufgabe als künstlerische Herausforderung ansehen und erkennen, daß er damit aller Existenzprobleme, die auch die Verantwortung für den kränkelnden Bruder einschlossen, enthoben sein würde, daß seine gesellschaftliche Position gefestigt und endlich Unabhängigkeit möglich werden konnte. Menzel nahm den Auftrag an, der zugleich sein letzter wurde. Er unterbrach die so enthusiastisch begonnene Arbeit am Gemälde der *Ansprache Friedrichs vor der Schlacht bei Leuthen* ohne zu ahnen, daß es der unvollendete Schlußakkord zum Thema Friedrichs des Großen sein würde, das ihn zwei Jahrzehnte lang erfüllt hatte.

Sein Arrangement mit Preußens Monarchie führte Menzel aus der tiefen Lebenskrise heraus. Allerdings bestand damals noch die Hoffnung des freiheitlich gestimmten Bürgertums auf einen dem sozialen Wandel gerecht werdenden Verfassungsstaat in einem das Junkertum einschränkenden Deutschland unter preußischer Vormacht.

Die „Erneuerung der feierlichen Krönung" in Königsberg, die Wilhelm I. ein halbes Jahr nach seinem Regierungsantritt am 3. Juli 1861 bekanntgegeben hatte, bezog sich auf die Krönung Friedrichs I., des ersten Preußenkönigs, im Jahr 1701, die an der gleichen Stelle stattgefunden hatte. Die Hervorkehrung neuerlichen dynastischen Herrschaftsanspruchs Wilhelms hatte sich schon in der vorausgegangenen verfassungsfeindlichen Absicht offenbart, die früher übliche Erbhuldigung der Stände entgegennehmen zu wollen, obgleich die Verfassung von 1850 die ständische Staatsordnung bereits abgeschafft hatte. Die statt dessen mit höfischem Pomp, an historischer Stätte in der Königsberger Schloßkirche vorgesehene Krönung wurde mit Vorbedacht auf den 18. Oktober gelegt, den Tag der Völkerschlacht zu Leipzig, der zugleich der Geburtstag des Kronprinzen war. Von Königsberg war 1813 mit der Gründung der Landwehr die Erhebung Preußens ausgegangen. Mit diesem Appell an patriotische Siegesgefühle im Volk wollte Wilhelm I. sein eigenes zukunftsträchtiges Sendungsbewußtsein verbinden. Die Konsolidierung seiner Macht sollte außerdem in einem repräsentativen Gemälde ihren Ausdruck finden, das den Krönungsakt als historisches und zugleich authentisches Ereignis dokumentierte.

Menzel ging sofort an die Arbeit. Noch am selben Tag, als er die Nachricht erhielt, schrieb er seinem Freund Friedrich Werner:

Lieber! Soeben komme ich von Min. B. Hollweg, welcher mich holen ließ, um mir die Proposition zu machen das Krönungsbild zu malen. S. Maj: habe befohlen etc: Ich habe nicht nein gesagt, sondern – Nun gehe ich Montag früh oder spätestens Abends nach Königsberg ab, es ist natürlich vorher dort möglichst viel an Lokalitätsstudien zu nehmen etc: Da denke ich nun an Dich! 4 Augen beobachten und sehen mehr als 2; wozu schon oft alle Photographien, deren Aushülfe mir freilich zur Verfügung steht, doch nicht reichen, z.B. hinsichts Farben. Nun gar am Tage des Aktus selbst. Wolltest resp: könntest Du für die Woche mein zweites Gesicht sein, wenn es Dich nicht ein zu großes Opfer an Zeit und nachheriger Arbeitsruhe kostete? Versteht sich Alle materiellen Kosten und Honorierung müssen vergütet werden. Also überlege Alles, aber kurz muß der Entschluß gefaßt werden. Gott erhalte Dich stets. d. Deinige Menzel.[53] In einem einzigen Gedankenstrich, der nicht nur den Entschluß ausdrückt, sich an diese hochkomplizierte, neuartige Aufgabe zu wagen, sondern auch alle weiteren Gedanken dazu zu beinhalten scheint, äußert sich Menzels selbstsichere Willenskraft.

Mit dem jüngeren Graphiker und Maler Friedrich Werner, Menzels Freund seit 1852, war ihm ein ausgezeichneter Helfer gegeben. Werner hatte gelegentlich Reproduktionsstiche nach Menzels Gemälden ausgeführt oder ihm unter anderem gegen Ende der mühevollen, fünfzehn Jahre währenden Tätigkeit am lithographierten Werk *Die Armee Friedrichs des Großen in ihrer Uniformierung* zugearbeitet.

Im Vorwort seiner Dokumentation der Entstehung des Krönungsbildes schrieb Menzel: *Diese Hülfe ist die Einzige, deren ich mich während der ganzen Dauer der Arbeit bedient habe. Sämtliche Porträtstudien sowie das Bild von der Aufzeichnung bis zum letzten Pinselstrich sind eigenhändige Arbeit...* Dann führte er aus: *Ich mußte in den Tagen vor dem 18ten – dem Krönungstage – mich an Ort und Stelle durch die Ceremonienmeister über Alles, namentlich die Standorte der wichtigsten Personen etc: orientiren lassen, um danach im voraus mich über die Wahl meines Standpunktes, der mir die schönste Ueberschau der Handlung gewähren sollte entscheiden zu können. Auch galt es, mit den Vorstudien an der Oertlichkeit, der Schloßkirche, vorher möglichst zu Ende zu kommen. Mit mir reiste mein Freund Friedrich Werner damit derselbe mich bei der Aufnahme der vielen nothwendigen Notizen unterstütze, namentlich beim Akt in der Kirche mir die Möglichkeit bleibe, meine Aufmerksamkeit auf die Haupt-Personen und Sachen zu konzentriren.* Weiter notierte er: *Ich hatte meinen Standort in der Kirche auf der Tribüne der Mitglieder des Herrenhauses gewählt (auf der 5ten Stufe vom Altar aus gerechnet). Der meist hochgewachsenen Umstehenden wegen mußte ich während der Stunden des feierlichen Actes auf einem Stuhl stehen, dessen Wackeln meinem hastigen Zeichnen nicht zur Erleichterung diente. Neben mir zur Rechten stand Werner...*[54]

Im Schloßhof in Königsberg. 1861

121

Das Königsberger Schloß und die Kirche waren von dem Architekten Friedrich August Stüler, dem späteren Erbauer der Nationalgalerie in Berlin, für die Zeremonie festlich ausgestaltet worden. Vom Ostflügel des Schlosses hatte man eine Kolonnade von den Königszimmern zur Schloßkirche gebaut. Der erste von vier farbigen Entwürfen zeigt das Innere der um 1600 erbauten Kirche mit den schlanken Pfeilern und Gewölben spätester Gotik, deren Ausstattung aus dem Barock stammt. Die Partie des Vordergrundes ist noch frei von Personen, nur Farbklänge und leichte Lichtwirkungen sind angedeutet. Abseits von all den vielen Studien zu Details der Örtlichkeit entstand eine kleine Bleistiftskizze, die im nächtlichen Dunkel eine Ecke auf der Westseite des Schloßhofes wiedergibt. Mit der rasch skizzierten Demontage der Festarchitekturen in der Schloßkirche kündigt sich Menzels Abreise von Königsberg an. Eine vergleichbare Skizze in einem Brief an den Freund Puhlmann hat den eigentlichen Beginn des Gemäldes im Garde-du-Corps-Saal des Berliner Schlosses festgehalten, der ihm seit dem 6. April des folgenden Jahres als Atelier zur Verfügung stand. Mit der roten Tinte, die er gerade zum Quadrieren des Aufrisses benutzt hatte, zeichnete er Männer beim Aufrichten der riesigen Leinwand und Wegräumen einer Sammlung von Waffen und Rüstungen, für die der unbenutzte Wachsaal mit anliegender Offiziersstube als Depot gedient hatte.[55]

Die gesamte Arbeit nahm Menzel vier Jahre in Anspruch. 1863 begannen die Porträtsitzungen für die 132 der im Bild dargestellten Personen. Photographien nahm er nur in wenigen Ausnahmen zu Hilfe. Auf den vorbereitenden genialen Deckfarbenblättern der Porträts, die er alla prima auf die Leinwand übertrug, beruht neben der bemerkenswert inszenierten Bildkomposition die Bedeutung und Einmaligkeit auch dieses Gemäldes in der Reihe der Zeremonienbilder des

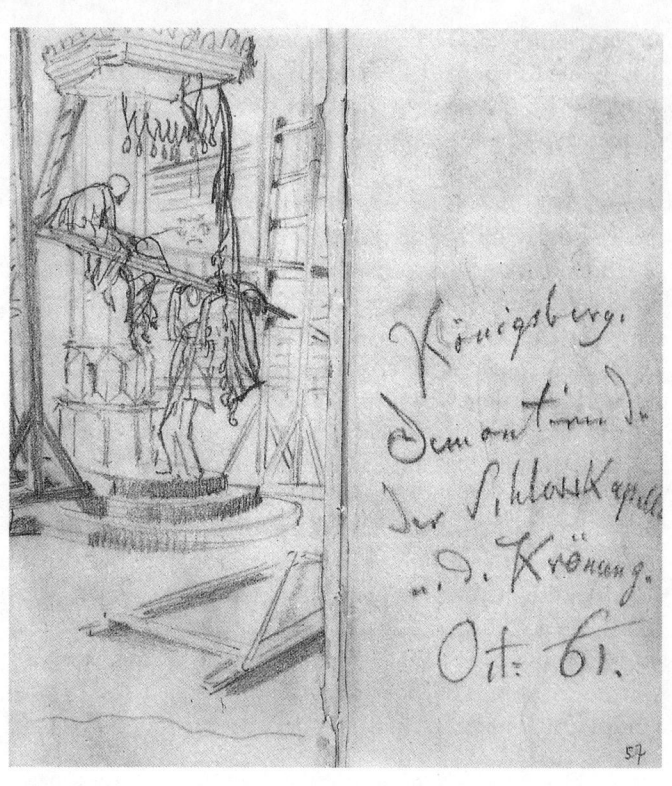

57

Abbau der Krönungs-Dekoration in der Schloßkirche
zu Königsberg. 1861

123

19. Jahrhunderts. Die Lebendigkeit der Bildnisse dieser gänzlich unidealisierten, vielmehr desillusionierend erfaßten Gesellschaft ist in der fast seelenlosen Genauigkeit ihrer individuellen Physiognomien immer als erstaunliches Phänomen gesehen worden. Eine bedeutsame Änderung, die Menzel während der Arbeit an der Komposition vornahm, indem er die Personen im Vordergrund in zwei Gruppen aufteilte, brachte nicht nur mehr Spannung in die Szene, sondern ermöglichte ihm, alle bei der Krönung anwesenden liberalen Minister, die der König 1862 bereits entlassen hatte, im hierarchischen Zeremoniell an ihrem Standort im Bild zu belassen und außerdem Kronprinz Friedrich Wilhelm, dem Hoffnungsträger liberaler Gedanken, in der Bildmitte eine exponierte Stellung einzuräumen. Menzel nutzte den Spielraum, den man ihm ließ, in seinem Sinn. Er hatte das Bild Mitte Dezember 1865 beendet, *allerdings in der Fassung, zu der ich mich begeistert fühlte*[56], schrieb er in späteren Jahren an Friedrich Pecht. Dennoch behielt dieser Auftrag Zwiespältiges für den Künstler. Zwar war er aus der *Wolke der Ungunst* heraus, aber seine Abstempelung als ‚Preußenmaler‘ war besiegelt und blieb an ihm haften über den Tod hinaus; auf ihr gründete sich sein Ruhm in Preußen.

Die Schlachtfelder von Königgrätz
1866

Krieg und Tod sind vor allem in Menzels frühem Werk allgegenwärtig. Ihre Schrecken durchziehen die graphischen Arbeiten, die dem Wirken des Großen Friedrich gewidmet sind. Er zeichnete kämpfende und sterbende Soldaten, ohne je welche gesehen zu haben, eine der wenigen Ausnahmen, in der er seinem Prinzip der Authentizität nicht gefolgt war. Genauestens kannte er dagegen Friedrichs „Generalprincipia des Krieges", seine „Gedanken und allgemeine Regeln über den Krieg", die „Dispositionen" und „Instructionen", „Elemente der Castrametrie und der Taktik" und das, was bei „Märschen von Armeen" zu beachten ist. Hatte er doch Inhalt, Stimmung oder Aussage der „Œuvres de Frédéric le Grand" brillant, kritisch und geistreich in seinen Illustrationen gedeutet. Und es hatte kein König, in dessen Auftrag er illustrierte, kein katholischer Kunstrat oder eine Zensur damals seine *selbständigen Gedankenflüge* und *üppigen Einfälle* beeinträchtigt. Er *schwang sich*, wie er später selbst sagte, *wie der Zaunkönig über den Adler der Fabel noch um einiges empor.*[57] Friedrichs „Instruktion für meine Artillerie, wie sie bei Gelegenheit ihr Feuer einrichten soll", untermalte Menzel provokant mit dem Tod als Kanonenkugel, der aus der frontal auf den Betrachter gerichteten Öffnung eines Kanonenrohres, aus blicklosen Augenhöhlen starrend, tödliche Blitze schleudert. Aber seine „Instruktionen" mußte sich Menzel wie gewohnt aus Literatur und Kunst in Bibliotheken, Museen, Schlössern und Rüstkammern verschaffen. Wen wundert es, daß er sich brennend für das Kriegsgeschehen interessierte, das im Sommer 1866 zwischen Preußen und Österreichern auf böhmischem Boden getobt hatte.

Für Anhänger Preußens war mit dem Wunsch nach einem starken Nationalstaat auch der Gedanke an Krieg nicht mehr fern. Spätestens seit Wilhelm I., der im Zuge seiner Heeresreform auch jeden Landwehrmann zu einem königstreuen Soldaten erziehen wollte, lag er in der Luft. Menzel, patriotisch gesinnt wie Theodor Fontane – der 1864 im Deutsch-Dänischen und in den zwei folgenden Kriegen Kriegsberichter war, wenn auch mehr aus „pekunärem Vorteil" denn als „Herzenssache"[58] – dachte nun auch mit einer gewissen Hochstimmung an preußische Pflichterfüllung. Ganz anders empfand allerdings Theodor Storm, ebenfalls Freund aus dem „Tunnel über der Spree", der aufgrund seiner Verbundenheit mit der Freiheitsbewegung von 1848 seine schleswig-holsteinische Heimat verlassen mußte. Als Assessor in Potsdam betrachtete er den preußischen Obrigkeitsstaat schon damals kritisch und schrieb 1864, nach Husum zurückgekehrt, an Fontane: „Hol Sie der Teufel! Wie kommen Sie dazu, daß ich eine Siegeshymne dichten soll?… Möchten Sie der letzte Poet jener… dem Tode verfallenen Zeit sein…"[59] Aber Menzel litt es 1866 nicht länger in Berlin. Es drängte ihn, teilzuhaben an den Aufregungen dieses zweiten preußischen Krieges. Einige Tage vor dem Waffenstillstand zwischen Preußen und Österreichern am 21. Juli reiste er in das Kriegsgebiet nach Böhmen. Am 19. Juli war er in Königinhof nahe Königgrätz angekommen. Doch nach drei Tagen bereits hatten ihn die ungeordneten Reisemöglichkeiten unfreiwillig auf den Rückweg nach Prag geführt. Von dort schrieb er an die Familie Krigar-Menzel am 24. Juli:

Geliebten! Geschick hat mich statt nach Trautenau oder Nachod hierher nach Prag verschlagen. Und zwar weil es jetzt hier zu Lande nicht zu reisen geht wie man will, son-

Der Pulverturm in Prag. 1866

dern nur wie man kann. Auch bin ich nicht unzufrieden darüber. Mein Pflichtgefühl, mein Durst noch Dies und Jenes zu wissen, wenns einmahl doch nicht das frische Schlachtfeld sein konnte, ist annähernd beschwichtigt und so sitze ich seit gestern Abend hier zu Prag und zwar wie vor 14 Jahren im „blauen Stern" sogar mit derselben Fensteraussicht auf den Platz und den schönen alten Thorturm, und danke eigentlich Gott aus „niedriger Häuser dumpfen Gemächern" in hohe luftige Räume und überhaupt wieder in eine ordentliche Stadt gekommen zu sein. Es kam so: weiter als bis Königinhof geht die Bahn nicht. Von anderweitiger Fahrgelegenheit jetzt keine Rede; und so hätte ich dort noch X Tage auf eine Transportfahrt warten können. Da bot mir am Sonntag früh als ich soeben den Brief an Euch zur Feldpost getragen hatte, ein Graf Stolberg einen Platz in seinem Wagen zur Fahrt nach Pardubitz (an der Prager Bahn) an. Ich packte eiligst und nachts 2 Uhr kamen wir in Pardubitz an. Und so bin ich denn das Schlachtfeld von Königgrätz durchfahren −−−−− am berüchtigten Wäldchen vorbei, durch Sadova-Chlum − die Stelle der großen Cavallerie Chocks etc. Abseits der Straße noch jetzt 2 todte Pferde, Tornister, Käppies, Helme etc. zahllos umher. Davon mündlich mehr. Da nun auch noch nach dem Norden über Turnau = Görlitz die Fahrt noch unregelmäßig genug geht, so kann ich über mein Kommen noch nichts näher sagen. A. M.[60]

Menzel hatte also die schaurigen Reste des fürchterlichen Gemetzels gesehen, das sich die siegreichen Preußen nach der entscheidenden Schlacht am 3. Juli in der Nähe von Königgrätz zwischen den kleinen Orten Sadova und Chlum und das österreichische Kürassierregiment Nr. 8 geliefert hatten, das den Rückzug seiner geschlagenen Armee zu decken versucht hatte.

Menzel blieb danach einige Tage in Prag, vielleicht um Abstand zu gewinnen. Er durchstreifte die Stadt, wie während seines Aufenthaltes vor vierzehn Jahren.

Damals, 1852, war das seine erste große Studienfahrt überhaupt gewesen. Sie hatte zweieinhalb Monate, von Anfang August bis Mitte Oktober, gedauert und viele gezeichnete und gemalte Zeugnisse hervorgebracht. Menzel war schon 36 Jahre alt und hat dieses *späte Reisen* besonders tief im Gedächtnis behalten. Er war durch Sachsen nach Franken und Süddeutschland gekommen. Den weiteren Verlauf der Reise nach Österreich mit Salzkammergut, Wien und Prag dokumentiert auch sein Reisepaß, ausgestellt „Für den Historienmaler Menzel, welcher zu Vergnügen reist über Leipzig und München nach den Kaiserlichen Oesterreichischen Staaten mit seiner Schwester Emilie, 26 Jahre alt.“[61] Im Juni 1852 hatte Menzel vor dieser Reise gerade eine neue Komposition, *Der Zwölfjährige Jesus im Tempel*, nach seinem großen Transparentgemälde von 1851 mit dem Schabeisen auf Stein übertragen. Er und einige Kollegen hatten endlich erreicht, daß die Transparentbilder, die jährlich zu Musiken des Berliner Domchores bei den weihnachtlichen Veranstaltungen der Akademie zugunsten notleidender Künstlerfamilien gezeigt wurden, eigene Erfindungen statt der bisher üblichen Kopien sein durften.[62]

Auffällig an seiner Darstellung der Schriftgelehrten war ihre scharfe physiognomische Charakterisierung. Menzel hatte in der Zeit viele alte, bärtige Juden nach Modellen gezeichnet und gemalt. Dieses Interesse an jüdischen Motiven war noch wach, als er im Sommer 1852 in Prag angekommen war. Er zeichnete dort den alten Judenfriedhof. Ein wahrscheinlich danach entstandenes Gemälde des Friedhofes wird vom Reiz des Unvollendeten belebt – ein Chaos fallender und sich stützender Grabsteine unter gekrümmten, niedrigen

Grabsteine auf dem Judenfriedhof in Prag. 1852

In der Altneuschul-Synagoge in Prag. 1852

Tür der Altneuschul-Synagoge in Prag. 1866

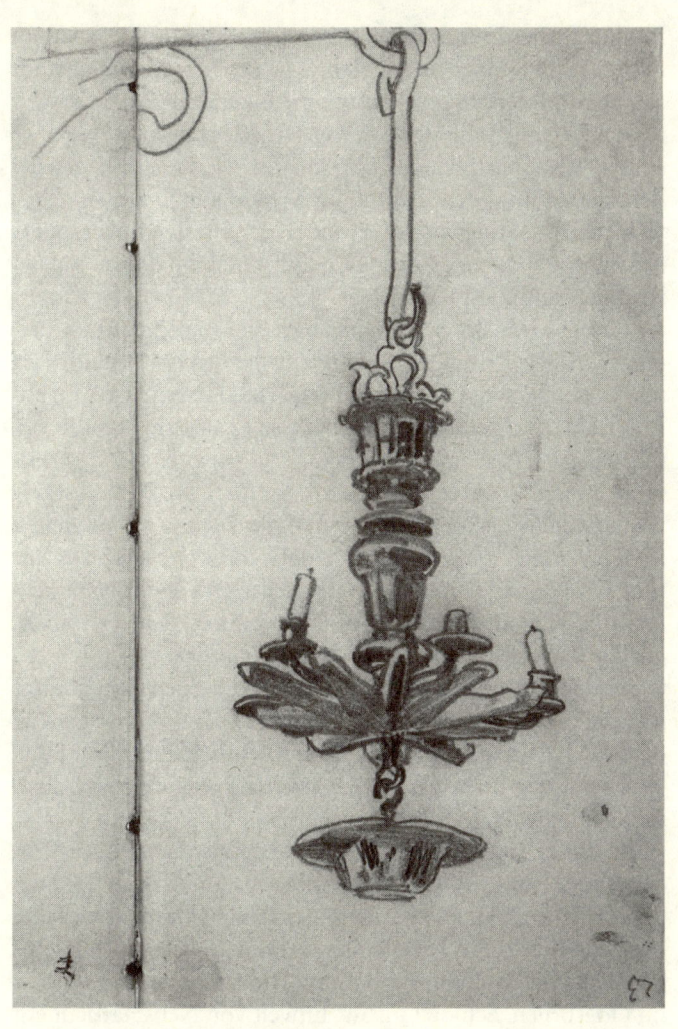

Leuchter der Altneuschul-Synagoge in Prag. 1866

Bäumen. Das Innere der einzigartigen, um 1300 gebauten Altneuschul-Synagoge auf dem Marktplatz der Judenstadt zeigt ein Skizzenbuchblatt. Auch die Erinnerung an diese weit zurückliegenden Eindrücke werden Menzel so viele Jahre später, 1866, nach seiner Rückkehr von den Kriegsplätzen bei der zwangsläufigen Rast in Prag wieder zum jüdischen Viertel und in die Stille der Altneuschul, der ältesten unverändert erhaltenen Synagoge Europas, geführt und ihn dort erneut zu zeichnen veranlaßt haben.

Reisen waren für den jungen, hart ums tägliche Brot arbeitenden Menzel lange eine Sehnsucht geblieben. Beeindruckt von diesem ersten Erlebnis hatte er 1852, kaum in Berlin zurück, am 27. Oktober an den Kasseler Freund Arnold geschrieben: *...und zuletzt über Prag nach Hause gekommen... sitze ich jetzt für die nächsten Tage noch eifrig an allerlei Erinnerungsnotizen von dem tausenderlei Gesehenen und Erlebten, was, sage ich Ihnen, unsäglich interessant und schön war! Unterwegs habe ich zum eigentlichen Studienmalen oder Zeichnen wenig Ruhe und Zeit gefunden, der Stoff drängt sich da zu dicht aufeinander...*[63]

Seitdem waren weite Eisenbahnreisen für den Großstädter Menzel bis ins hohe Alter zu einer Art Lebenselixier geworden. Auch darin auf der Höhe seiner Zeit, schienen diese jährlichen Fahrten oft von der interessierten Neugier eines Touristen geprägt.

An dieser Stelle soll noch die zweite Reise Erwähnung finden, die Menzel 1864 aus ganz anderem Anlaß nach Böhmen geführt hatte. Zur Festigung seiner labilen Gesundheit lebte Menzels Bruder Richard in den Jahren 1860 und 1861 längere Zeit auf dem Gut der Grafen von Schönburg in Gusow im Oderbruch. Schloß Gusow, unweit von Neu-Hardenberg gelegen, einst Besitz des Feldmarschalls von Derfflinger, war auch das Vorbild für Schloß Guse in Fontanes Roman „Vor

Schlafender Mann im Eisenbahncoupé. 1864

Reisende an der Bahnstation. Um 1864

Hochzeit Richard Menzels. 1864

Pilger am Wallfahrtsort in Wartha. 1864

Ofenecke in einer böhmischen Wirtshausstube. 1864

Das Kloster in Braunau. 1864

dem Sturm". Hier hatte sich Richard verlobt. Die Hochzeit fand im Sommer 1864 auf einem Gut der Verwandtschaft von Richards Braut in Jeseritz in Schlesien statt.[64] Auf einem Skizzenbuchblatt ist das Brautpaar mit raschen Strichen festgehalten. Während das Paar die Hochzeitsreise in die Schweiz antrat, reiste Menzel weiter über den Wallfahrtsort Wartha an der Neiße ins Böhmische hinüber. In seinem böhmischen Skizzenbuch finden sich Volkstypen, Bauern bei der Feldarbeit, auch eine niedrige Wirtshausstube. Sein Ziel aber war die berühmte spätbarocke Klosteranlage von Kilian Dientzenhofer in Braunau. Neben mehreren Ansichten des Benediktinerklosters skizzierte er auch den Grundriß einer der Höfe, der durch seine in reichen, konkav-konvexen Biegungen schwingenden Risalite besonders bemerkenswert ist.

Am bedeutsamsten hat sich jedoch die abenteuerliche dritte Reise von 1866 zu Böhmens Schlachtfeldern des Preußisch-Österreichischen Krieges in Menzels Schaffen manifestiert. Dieser Krieg, der mit dem Sieg der Preußen und der Ausgrenzung Österreichs endete, hatte auch Menzel in einen Taumel von Patriotismus versetzt. Dabei steht der befremdlich forciert klingende Ton seiner Brief-Berichte in auffallendem Gegensatz zu dem künstlerischen Echo, jenen Zeichnungen und Aquarellen aus Königinhof, die im ergreifenden Ernst ihrer mitfühlenden Sachlichkeit Menzels Erschütterung erkennen lassen.

Die Reise ging zunächst per Eisenbahn von Berlin über Görlitz, Reichenbach, Zittau, Turnau, Semil nach Horschitz. Briefe und die üblichen knappen Architekturskizzen oder auch der Blick in die Ofenecke einer Wirtsstube in Turnau legen Zeugnis ab. Am 19. Juli schrieb er, nach dreieinhalb Tagen in Königinhof angelangt, folgenden Brief an Krigars:

Jetzt heut Nachmittag angekommen. Hierher mußte ich aber auch um zu finden was ich suche, den Geschmack von

*Gotische Kirchenfenster und Madonnenstatue
in Görlitz. 1866*

Barocker Kirchengiebel in Horschitz. 1866

*Kriegstrubel. Das ganze Nest voll Soldaten und Lazareth
von oben bis unten. Bekam aber sofort von der Comman-
dantur Privatunterkommen ausgemittelt. Nochmals Geliebten nur keine Sorge um mich. Überall treffe ich auf welche die ich die mich kennen die mir dienstwillig und för-
dernd sind, nur dadurch und auf meine Creditife kann ich
auch nur bis hierher kommen, da wie z. B. heute nur Militär
und Johanniter etc.: Transporte, kein Publikum hierherge-
hen. So wurde auch heute die Bezahlung für meinen Coupe-
platz nicht angenommen. Recht hat Heinrich daß er unter
Donner und Ach und Krach Natur kriegt, s'iß wundervoll
hier, man kommt durch Stellen wie am Rhein. Von Wilh:
und Paul nichts erfahren, denn Niemand kommt von dort.
Alles was ich antraf, nach dort oder anderswo. Telegramm
aus Zittau habt ihr? Also keine Sorgen. Gott erhalte Euch!
Grüßt Alle. Adolph.*[65] Ein zweiter Bericht folgte am 21. Juli
noch einmal aus Königinhof:

*Geliebten! Ich gehe jedenfalls erst morgen weiter, ob
nach Königgrätz oder Trautenau wird auf die gute Trans-
portgelegenheit ankommen mit der es hier nur geht. Es ist
furchtbar interessant hier –––––––––––––!*

*Außerdem um von was anderem zu reden ist die ganze
Tour die schönste Gebirgsreise, die man machen kann. Von
Theuerung und Eßnot auch keine Rede mehr, unter den
Lauben des Marktes sind alle Victualien bis zu geschl. Zuk-
ker, Salz und Pfeffer herab für billiges zu haben. Um mich
nur keine Sorge, ich bin hier unter lauter Bekannten. Gestern morgen auf meinem ersten Gange über den Markt er-
kannten mich Offiz. des 23 Landwehrreg. das hier steht.
Mit denen Allen esse ich zu Mittag, frühstücke auch gestern
mit ihnen im Fouragemagazin aus der Faust unter den Bergen von Broden Würsten Schinken Flaschen Buttertöpfen
etc. Auch in den Lazaretten (sämmtlich schwere) haben sie*

Soldaten in Königinhof. 1866

Wäscherinnen im Lazarett in Königinhof. 1866

146

Verwundete und Schwester im Lazarett
in Königinhof. 1866

Verwundete Soldaten im Lazarett in Königinhof. 1866

Zwei auf Stroh liegende gefallene Soldaten. 1866

*vollauf, wie mir schon in Görlitz Kleist = R. sagte. Nur die
Lederunterlagen und Luftkissen sagten mir hier die Aerzte
seien knapp. Hermann, sage doch das dort irgendwo! Von
meinem Kofferproviant ist erst die eine halbe Wurst zum
Theil verbraucht und zwar erst auf der Fahrt hierher in Semil wo es auf dem Bahnhofe nur Hörnchen gab, und ich damit meine spackgewordenen Coupee = Kameraden: einen
Telegraphenbeamten von der Ostbahn her, ein Rothkreuz,
einen dicken rothen Vater der seinen verwundeten Sohn in
Pardubitz oder wo aufsuchen wollte, und den Packmeister
der mir zu meinem Koffer verholfen, erlabte. Ich habe mir
übrigens in Görlitz die Mischung in der Apotheke machen
lassen die Puhlmann auf seinem Waschtische hat, und wa-
sche mich damit und nehme gewisse Tropfen auf Zucker
wenn ich in die Lazarette gehe, was indeß kaum nöthig, da
überall alle Fenster offen stehen. Vor allem freie Luft heißt
es da. Grüßt alle herzlich. Küßt die Bälge.*[66]

An den knappen drei Tagen, die zwischen diesem Brief und
seiner späteren Nachricht aus Prag lagen, hat Menzel mit wenigen Werken ein beeindruckendes Memento gegen den Krieg
geschaffen, ganz singulär in seiner Zeit. Mit der schonungslo-
sen Deutlichkeit dieser Blätter spricht er bereits die Sprache
des 20. Jahrhunderts. Auf seinen Gängen durch die Lazarette
und Leichenkammern in Königinhof zeichnete er das Elend
verwundeter, sterbender und gefallener Soldaten. Es entstanden ergreifende Blätter – in ihrer Wahrhaftigkeit voll Anteil-
nahme. Zu den zwei Aquarellen der Gefallenen gehört noch
das dritte eines sterbenden Soldaten (Sammlung Georg Schäfer, Euerbach). Hinzu kamen Bleistiftzeichnungen und Studien im Skizzenbuch. Zu Menzels Lebzeiten blieben diese Arbeiten unbekannt und, obwohl sie 1905 in der Gedächtnisaus-
stellung der Nationalgalerie in Berlin zu sehen gewesen waren,
sind sie erst in jüngster Zeit wieder beachtet worden.

Schlafender Mann im Eisenbahnabteil. 1866

151

Nach Berlin zurückgekehrt, blieben die tiefe Berührung durch die Erlebnisse am Kriegsschauplatz, die sich in Menzels Kunst so klar ausspricht, in den Briefen an einen Vetter und vor allem an den Intimus, den Stabsarzt Wilhelm Puhlmann in Potsdam, anfangs unter dem burschikos-preußischen Ton des Außenseiters verdeckt. Beide Adressaten hatten im Felde gestanden.

Theurer lieber Vetter!, schrieb er am 31. Juli 1866: *Heute früh hierher zurückgekehrt. Und woher? – Auch ich empfand ein Pflichtgefühl, das mir endlich keine Ruhe mehr ließ, am Kriege wenigstens zu riechen! So habe ich denn auch von dem, was, vom 16. d. M. ab auf der Strecke Görlitz Reichenbach Turnau Königinhof Horzice Chlum Sadowa Pardubitz noch zu erleben war – immerhin auch reichlich – nichts erspart!! ––– Für Sie kann das Alles freilich nur heiße Asche sein, Niederschlag, ich beneide Sie [um] die Kenntnis des Landes, wie wenig „poetisch" es aus solcher Nähe sich auch ausnehmen mag. Mein anfänglicher Plan mir neben Nachod, Trautenau noch die leeren Fässer zu Skalitz und zu Gitschin das Lachgesicht des alten Friedländers in seinem Sarge zu besehen, wie nun doch mal wieder geschieht was er selbst schon wollte ging mir an der jetzigen Unsicherheit der Weiterkommgelegenheit zu nichte. Genug, der Himmel beschirme Sie weiter, daß Ihre lieben prächtigen Briefe nur frohes, wie bisher, enthalten mögen und noch viel lieber daß man sich bald froh wiedersehe! Herzlichst der Ihrige A. M.*[67]

Wenig später, am 2. August, folgte ein Brief an Wilhelm Puhlmann:

Vielgeliebte alte Kriegsgurgel! „Ihr fuhrt herauf, Ihr fuhrt herum und sofft aus allen Pfützen" daß die Oesterreicher, die sich doch sonst in unwürdigen und geschmacklosen Gleichnissen gegen Euch bewegten, obiges nicht auch auf Euch gesungen haben, beweist klärlich daß der Faust bis zur Stunde bei ihnen auf dem Index prohibitorum steht; also sie kennen Ihn nicht wie sie so vieles Andere nicht kennen das ist auch jetzt einerlei, die Hauptsache ist, daß sie die „Herren Preußen" kennen, welche nützliche Kenntnis ja hoffentlich auch allen übrigen Heiden gut bekommen wird.

Wie man noch so reden kann! Vorgestern bin ich nämlich selbst erst zurück aus Böhmen gekommen, es litt mich nicht länger hier – so hinterm Ofen bei Muttern hocken zu bleiben ohne wenigstens für 14 Tage [sic] die Nase in Graus Jammer und Stank zu stecken. – – Woher Schlüter seine Zeughausmasken hat weiß ich jetzt auch.

Am besten, hätte ich in Deinem Verbandnecessaire mit stecken können! Was mußt Du erst Alles gesehen gehört erlebt haben. Indeß jetzt gleich viel. Haben wir uns nur erst glücklich wieder, dann aber das Glas mit dem Naß, da soll nicht mal 'ne Fliege geschweige Kanonenräder mit Pferdejauche drin gewesen sein! Also bis dahin Gott befohlen !!!!!!!!! Dein Alf.[68]

Zwölf Jahre später zog Menzel, von Friedrich Pecht befragt, weshalb er keine Bilder zu den Kriegen 1866 und 1870 gemalt habe, in seinem Antwortbrief noch einmal ein Fazit, das auch die künstlerische Motivation seiner damaligen Reise zu den Schlachtfeldern deutlicher werden läßt. Er erinnerte sich an *die naive Vermessenheit*, mit der er seinerzeit die Schlacht bei Hochkirch gemalt habe, ohne *irgendwelches Wirklichkeitsstudium und Anschauung*, die *in der Kunst zu Allem, was man sich vornimmt, conditio* seien. Weiter: *Dieß Bild, das sie so hoch stellen! Heute schäme ich mich seiner. Nicht durchweg des Bildes, aber des Unternehmens.* Menzel betonte, daß er es abgelehnt hätte, Bilder dieser Kriege zu malen, auch wenn eine *vocation* dazu an ihn ergangen wäre. Er endigte: *Der Bedarf ist für das patriotische*

Bedürfniß von anderer Seite gedeckt worden; und über das Alles: muß denn der Gräuel gemalt werden?!? Ich habe anno 66 (post festum) einen Ausflug nach Böhmen gemacht! ――――.[69]

In der Stummheit vieldeutiger Gedankenstriche liegt neben der Reue auch die gewonnene Erkenntnis, daß kein Bild die verheerenden Schrecken eines Krieges je wirklich zu fassen vermag. In Menzels zweiter Lebenshälfte wird Krieg kein Thema seines Schaffens mehr sein.

Das Eisenwalzwerk in Königshütte
1872

Mit dem *Eisenwalzwerk* erreichte Menzel einen Höhepunkt seiner Malerei. Es entstand in den Jahren 1872 bis 1875 an der Schwelle zu einem vielgestaltigen, reichen Spätwerk. Fast ausschließlich Themen der Gegenwart gewidmet, bewegt sich auch die Arbeit der zweiten Lebenshälfte in dem Spannungsfeld zwischen Menzels eigenem Kunstwollen und den Forderungen der ihn tragenden Gesellschaft, – wenn auch ohne die früheren Auftragszwänge. *Das Vielerlei, was manchen befremden könnte,* das seine Ursache in *jenem frühen kategorischen Imperativ*[70] hatte, wie Menzel sagte, verstärkte sich im Werk der Spätzeit noch und damit auch mancher Widerspruch darin.

Daß das *Eisenwalzwerk,* kaum war es an die Öffentlichkeit gelangt, sensationell wirkte, lag vielleicht außer in der Aura des Einzigartigen in der seltenen und glücklichen Aufhebung jenes Gegensatzes. Menzel hatte eine neue große Aufgabe entdeckt, die ihn wieder ganz erfüllte. Das kam nicht von ungefähr, denn das Motiv des arbeitenden Menschen hatte ihn von jeher interessiert. Viele Studien aus der frühen bis in die späte Zeit belegen das.

Das Thema einer Industriedarstellung wählte er zu einem Zeitpunkt, als der Fortschrittsglaube schon nicht mehr ungetrübt war. Die rapide Industrialisierung nach der Reichsgründung sah sich bald mit sozialen Folgen konfrontiert. In dieser spannungsreichen Epoche kurz vor dem Einbruch der zweiten Weltwirtschaftskrise von 1873 plante Menzel sein Bild der Fabrikarbeiter, obgleich sie die einst furchterregende

Kraft des vierten Standes verkörpert hatten und Symbol der treibenden Veränderung geworden waren, die das mächtige Bürgertum auf eine selbständige Machtposition verzichten ließ. Er begann das Bild zu einer Zeit, in der die industriellen Unternehmerinteressen zur Erhaltung der internationalen Konkurrenzfähigkeit gefördert und eine Humanisierung der industriellen Arbeitswelt verweigert wurde. Menzels *Eisenwalzwerk* thematisierte als erstes Gemälde die ‚soziale Frage‘ in der deutschen Kunst.

Das Thema hatte in seinem Schaffen weit zurückreichende Wurzeln. Von vielerlei Anregungen genährt, gewann es in den Jahren von 1872 bis 1875 in der Darstellung des Schienenwalzwerks von Königshütte Gestalt. Die Königshütte lag im größten und bedeutendsten Berg- und Hüttenrevier Oberschlesiens. Für den aus Schlesien Stammenden, der zahlreiche, auch persönliche Verbindungen zu seiner Heimat pflegte, lagen die großen Werke des Ruhrgebiets als Vorbild fern. Die bereits 1797 staatlich gegründete Königshütte hatte sich 1871 mit einer der ersten größeren privaten Hüttenanlagen, der 1839 von der schlesischen Großgrundbesitzerfamilie Henckel von Donnersmarck gegründeten Laurahütte, vereinigt. Als „Vereinigte Königs- und Laurahütte A.G.", eingegliedert waren noch das ehemalige Puddel- und Walzwerk der Alvenslebenhütte sowie das Zinkwerk der Lydognahütte, war sie das größte Gründungsunternehmen des preußischen Hofbankiers Gerson Bleichröder.

Menzel, der, seitdem er das Krönungsbild gemalt hatte, zu allen Hoffestlichkeiten geladen wurde – sie boten ihm weiteren Stoff für seine Gesellschaftsschilderung –, hatte auch in dem Hof nahestehenden Kreisen, etwa im Salon der Frau von Schleinitz, mancherlei Gelegenheit, neben Geistesgrößen und Militärs auch Bankiers und Industrielle kennenzulernen.[71] Letztere waren in der zweiten Jahrhunderthälfte im wesentlichen die Käufer seiner Werke. Seit 1889 lag der Verkauf in den Händen des Kunsthändlers Hermann Pächter, dessen Geschäfte in den Gründerjahren florierten. Bevor er die Kunsthandlung Wagner in der Dessauer Straße in Berlin übernommen hatte, war er in Hamburg ein erfolgreicher Bierbrauer gewesen.

Dem eigentlichen Beginn der Arbeit, deren letzte Voraussetzung die Studien am Ort des Geschehens in der Fabrik für Eisenbahnschienen in Königshütte sein sollten, war ein über Jahre währender Prozeß der gedanklichen und künstlerischen Annäherung an eine solche Aufgabe vorausgegangen, der immer wieder neue Anstöße erhalten hatte. Schon auf der Weltausstellung 1855 in Paris hatte Menzel Industriedarstellungen gesehen. Im Skizzenbuch der Reise finden sich neben den Studien aus dem Théâtre Gymnase zwei flüchtige Skizzen, Schmiede an einem Amboß und ein Arbeiter mit Zange vor einem Dampfhammer.

Mit der Darstellung von Industrieanlagen im Auftrag ihrer Besitzer hatte sich im 19. Jahrhundert die junge Tradition der Industrievedute herausgebildet, deren kompositorischer Schwerpunkt stets der imponierenden Anlage und ihrer Maschinentechnik galt, in denen die Menschen untergeordnet klein und anonym erschienen. Auch vom bedeutenden oberschlesischen Zentrum der Kohle- und Eisenindustrie gab es diese ‚Industrieporträts‘. Bemerkenswert für die Weiterentwicklung dieser Tradition der „paysage industriel", die eigentlich aus England kam, wurden Mitte der vierziger Jahre des 19. Jahrhunderts die neuartigen, großformatigen Gemälde des französischen Malers und Lithographen Jean François Bonhommé, genannt „Le Forgeron". In seinen Darstellungen industrieller Arbeitsvorgänge in der Metallurgie der modernsten Zentren in Fourchambault, Indret und vor allem Le Creusot wurden zum ersten Mal die gewaltigen Veränderungen der Produktionsweisen deutlich. Vor allem aber benutzte Bonhommé die Arbeiter nicht mehr nur als Staffage-figuren, sondern versuchte sie individuell differenziert und in ihrem spezifischen Verhältnis zum Arbeitsprozeß darzustellen. Seine großen Industriebilder, die frühesten dieser Art, waren zu den jährlichen Salons und 1855 auch auf der Welt-ausstellung zu sehen. Menzel mußte sie dort kennengelernt haben und 1867 auf seiner zweiten Reise zur Weltausstellung nach Paris Bonhommés Bildern erneut begegnet sein. Neben den bekannten Sujets konventioneller Malerei erregten sie einiges Aufsehen, obwohl die Kunstwerke, inmitten von Maschinen und Industriegütern ausgestellt – auch Menzels *Schlacht bei Hochkirch* hing dort –, in ihrer Wirkung mög-licherweise beeinträchtigt waren.[72]

Bonhommés Gemälde, Aquarelle und Lithographien fan-den schon in den vierziger Jahren Verbreitung. Es ist keine Frage, daß Menzel alle Informationsquellen benutzte, die sich seinem Interesse an technischen und industriellen Neu-heiten in Büchern und populärer Graphik, in Zeitschriften und Journalen wie der „Leipziger Illustrierten Zeitung", „Le Monde illustré" oder „Tour de Monde" boten. Auch von der Königshütte gab es zeitgenössische Stiche, die er wahrschein-lich gekannt hat.

Ein weiterer Schritt der Annäherung an die große Kompo-sition des *Eisenwalzwerkes* war 1869 ein Auftrag der Berli-ner Familie Heckmann für ein farbiges Gedenkblatt zum fünfzigjährigen Jubiläum ihres Eisen-, Kupfer- und Messing-werkes. Hierfür hat Menzel erstmals zwei Szenen aus der mo-dernen Metallindustrie gestaltet. Im Heckmannschen Werk in der Schlesischen Straße studierte er die Arbeitsvorgänge an Ort und Stelle und hielt Situations- und Detailstudien im Skizzenbuch fest, die er exakt in das Gouache-Blatt über-nahm. Das Neuartige des Gedenkblattes liegt in diesen beiden Arbeitsdarstellungen, während die Gesamtkomposition, zu der neben dem Bild- oder Textspiegel ein schmückendes Rahmenwerk gehörte, der Tradition vergleichbarer Festblätter folgte. Derartige Aufgaben waren Menzel aus seiner frühen Lithographentätigkeit geläufig.

Die originelle, phantasievolle Umrahmung, die vielerlei Anspielungen auf die Firma und ihren Gründer enthält, kommt durchaus dem Zeitgeschmack entgegen. In den Atlanten aber, die als Arbeiter dargestellt und mit Metallbändern umschlungen an das Gebälk gefesselt sind, verraten sich eigenwillige Gedanken des Künstlers. Hauptsächlich aber hat die Umrahmung, in der Stilelemente des Neobarock schon voll ausgebildet sind, den Sinn, das Augenmerk auf die beiden Einblicke in die Buntmetallgießerei zu lenken, die Arbeiter beim Metallschmelzen am Flammofen und beim Guß zeigen. In dem Blatt gelang es Menzel, die beiden eingangs erwähnten widerstreitenden Tendenzen seines Schaffens in einem Kunstwerk reizvoll zu vereinen. Das ist allerdings im späteren Urteil nicht immer so positiv gesehen worden wie noch von Menzels Zeitgenossen Theodor Fontane: „Brillant; eine seiner schönsten Arbeiten auf diesem Gebiete, geistreich von herrlicher Farbwirkung, klar verständlich, in jeder Beziehung gelungen…"[73]

Menzels früheste Begegnung mit der Eisenindustrie als denkbarem Stoff für eine künstlerische Aufgabe reicht wahrscheinlich in das Jahr 1852 zurück. Damals hatte der Kunsthistoriker Friedrich Eggers im „Deutschen Kunstblatt", etwa gleichzeitig mit Maxime Ducamp in Paris, eine Kunstdiskussion um neue, der Wirklichkeit entlehnte Bildinhalte begonnen. Er propagierte enthusiastisch die Entdeckung bisher unbeachteter Motive aus Industrie und Alltag der wachsenden Großstadt. Eggers schilderte den Besuch der Fabrikanlagen von August Borsig in Moabit. Borsig, der 1854 erst fünfzigjährig starb, wurde bald zur legendären Figur des Unternehmers schlechthin. Aus der Praxis kommend, hatte er mit dem Bau der ersten Lokomotive in Deutschland wesentlich zur wirtschaftlichen Unabhängigkeit von England beigetragen.

Euphorisch beschrieb Friedrich Eggers den Besuch der neben der Villa Borsig gelegenen Fabrikgebäude mit der Eisengießerei und den Maschinenhallen. Seine Worte beschwören Analogien zu barocken Darstellungen der Schmiede des Vulkan, der mit seinen Gehilfen, den Zyklopen, als Gott des Feuers und der Schmiedekünste galt. Das Phänomen der Hüttenindustrie mythologisch überhöhend, ging Eggers im Tenor ungebrochener Fortschrittsgläubigkeit an der sozialen Wirklichkeit vorbei. Ihn beeindruckten „die kräftigen Gestalten, bärtige und jugendstraffe, wie viele natürliche und ursprüngliche Bewegungen der oft athletischen Glieder jener gut gehaltenen und rüstigen Arbeiter!"[74]

Wie Eggers in den Borsigschen Metallarbeitern nur die bestbezahlten Facharbeiter im damaligen Berlin sah, so betrachtete er auch die Schichtarbeit, Folge des intensivierten Herstellungsverfahrens, nur von der künstlerisch-dokumentarischen Seite: „Begreiflicherweise müssen zur Nachtschicht – denn ein einziger Tag ununterbrochener Arbeit ist hier eine Woche lang – noch ganz andere Effekte zum Vorschein kommen…" Die enthusiastische Beschreibung berührt Menzels *Eisenwalzwerk* nur im Motiv. Während Eggers jede soziale Dimension ausspart, wird Menzel, aufgrund seiner in Königshütte gemachten Studien und Erfahrungen, gerade darin einen bedeutenden Aspekt seiner Darstellung finden. Am Schluß seiner Schilderung erwähnte Eggers einen Freund, der ihn begleitete, als den eigentlichen Motiventdecker. Wenn man vermutet, daß Menzel jener Freund war, dann wäre der erste Funke zu der Idee, ein Walzwerk zu malen, der unmittelbaren Anschauung dieses Besuchs entsprungen.

Tagebau in Königshütte. 1872

Im Zusammenhang mit der Entstehung des *Eisenwalz-werkes* kommt der Freundschaft zwischen Friedrich Eggers und Menzel eine besondere Bedeutung zu. Glaubt man Fontanes zwiegespaltenem Urteil über die Beziehung beider und über den Menschen Eggers, lagen Licht und Schatten dicht beieinander. Beide waren Freunde aus dem Kreis des „Tunnel über der Spree" und dem intimeren Zirkel des „Rütli". Eggers war Menzels erster Rezensent. Er schrieb Würdigungen seiner Werke und Künstlerpersönlichkeit zu einer Zeit, als jener noch um Anerkennung rang.[75]

Menzel begann die Arbeit am *Eisenwalzwerk* im Todesjahr von Friedrich Eggers, der im Sommer 1872 zweiundfünfzigjährig starb. Im Oktober des Jahres malte er das für seine bisherigen inoffiziellen Gemälde erstaunlich große Ölbild *Atelierwand,* das in älterer Literatur als Beleuchtungsstudie zum *Eisenwalzwerk* gilt.[76] Das Bild zeigt den Ausschnitt einer pompejanisch roten Wand in Menzels Atelier in der Potsdamer Straße 7, auf der Totenmasken und Gipse hängen. Die Darstellung deckt sich weitgehend mit einer Beschreibung des Ateliers, die Eggers 1854 im „Deutschen Kunstblatt" veröffentlicht hatte: „Diesen in Oel oder Wasser- oder Pastellfarben ausgeführten Studien [Menzels Arbeiten] schließt sich eine Sammlung von Gypsabgüssen menschlicher Gliedmaßen und Köpfe an. Wie unter den Skizzen nur wenig vergilbte Stiche nach Raphael hängen, so stehen nur wenige und bewährte Formen antiker Plastik auf den Borten umher; den meisten Platz nehmen die über die Natur gegossenen Formen und namentlich die verschiedenartigsten Todtenmasken ein; denn von den beiden Lehrmeistern der Künste, der Antike und der Natur, hat es Menzel durchaus vorwiegend mit der letzteren zu tun…"[77]

Die Übereinstimmung von Menzels Bild mit dieser Schilderung, die der vor kurzem gestorbene Freund vor mehr als

Hochofenlandschaft mit brennenden Schloten. 1872

zwanzig Jahren geschrieben hatte, ist keine zufällige. Menzel hat seine Komposition in Erinnerung an sie entworfen. Hinter dem Bild mit den Masken verbergen sich ‚Maximen und Reflexionen‘ Menzels in bezug auf die Freundschaft und Kunstanschauungen beider, die hier nicht ausgeführt werden können. In der Doppeldeutigkeit hat Menzel schon in seinen frühen graphischen Arbeiten eine Möglichkeit für sich entdeckt, eigenen, zuweilen kritischen Gedanken auch dort Ausdruck zu verleihen, wo er an die Konvention eines Auftrages gebunden war.

Aus solchen Gedankenspielen entwickelte er vor allem als Zeichner die lebenslange Neigung, toten Gegenständen durch seine dahinter verborgenen Einfälle eine surreale Dimension zu verleihen. Diese ‚objets trouvés‘ leben nur vordergründig von der Faszination des Sachlichen. Meist suggerieren sie verschlüsselte Botschaften, Allegorien ganz persönlicher Natur, die auch von den Trugbildern der Wirklichkeit zeugen. Die Illustrationen zu den „Werken Friedrichs des Großen", aber auch viele der freien Zeichnungen sind gekennzeichnet durch den Hintersinn, den Menzel dem dargestellten unbelebten Objekt verlieh. Das Stilleben *Atelierwand* wurde zu einem Sinnbild von Todesgedanken. Alle Elemente, die Totenmasken, das Fragmentarische der Gipse, das anscheinend zufällige Konglomerat aller Dinge, sind Hinweise auf die Vergänglichkeit irdischen Lebens. Daß der Tod des Freundes Eggers Anlaß zu diesem Memento gab, entschlüsselt seine Totenmaske, die im Zentrum des Bildes neben dem Torso eines weiblichen Oberkörpers hängt. Man darf annehmen, daß der Bildhauer Friedrich Drake, der ebenfalls zu den engsten Freunden beider gehörte, die Totenmaske abnahm.[78]

Menzel hatte Eggers auf dem Sterbebett offensichtlich kurz nach dessen Tod gezeichnet (Prag, Nationalgalerie). Er datierte mit dem Sterbetag, dem *11. August 72*. Im Skizzenbuch desselben Jahres, in dem sich sonst nur Studien nach Walzarbeitern befinden, zeichnete er eine Totenmaske im Profil, mit ganz leicht geöffneten Lidern und leicht geöffnetem Mund, wie auf der Zeichnung des Toten auch. Die hohe Stirn, die markante Nase sind von nicht zu verkennender Ähnlichkeit. Menzel erhob die Totenmaske zum kompositionellen und symbolischen Mittelpunkt der *Atelierwand.*

Im Jahr 1872 also begann Menzel mit ersten Vorarbeiten zum *Eisenwalzwerk*. Auch seine erste und wohl einzige, durch wenige datierte Zeichnungen belegte Reise nach Königshütte unternahm er in diesem Jahr. Ein interessanter Zusammenhang, der in bezug auf das *Eisenwalzwerk* nie beachtet wurde, besteht zwischen Menzels Plan zu einer Industriedarstellung und einem Auftrag, den Paul Meyerheim von Albert Borsig, dem Sohn des Erbauers der ersten Lokomotive, wahrscheinlich 1872 erhalten hatte.[79] In einer monumentalen Folge von sieben auf Kupfer gemalten Tafeln sollte die „Geschichte einer Lokomotive" für die Loggia der von Heinrich Strack erbauten Villa Borsigs in Moabit dargestellt werden. Um ein Familienbild gruppiert, waren sechs Wandbilder vorgesehen, die die ‚Lebensgeschichte' einer Lokomotive veranschaulichen sollten: Förderschacht im Erzbergbau, Hochofenabstich, Schmieden eines vorgewalzten Lokomotivrades bis zur Verladung der fertigen Lokomotive im Hafen und der Begegnung von Lokomotive und Postkutsche. Entscheidend für die Ausführung war der Entschluß, nicht, wie zunächst beabsichtigt, allegorische Kompositionen zu malen, sondern die Folge realistisch zu gestalten. Es ist denkbar, daß Menzels Einfluß diese Umorientierung mitbewirkte. Mit dem siebenundzwanzig Jahre jüngeren Maler verband ihn eine familiäre Freundschaft, die sich von dessen Vater, dem Berliner Genremaler Eduard Meyerheim, auf den Sohn übertragen hatte. Paul Meyerheim war ein routinierter Maler, der, früh berühmt, im Laufe seines Schaffens etliche Aufträge für Wandmalereien in Villen und öffentlichen Gebäuden Berlins ausgeführt hatte. Zwischen ihm und Menzel gab es vielerlei Kontakte. 1847 hatte Menzel Meyerheims Mutter, die Schwester des Bildhauers Drake, porträtiert. Paul Meyerheim veröffentlichte seine Erinnerungen an Menzel ein Jahr nach dessen Tod. 1867 hatte er ihn nach Paris begleitet. Der künstlerische Austausch war selbstverständlich, im Falle des *Eisenwalzwerkes* offensichtlich. Denn Menzel wählte zu seinem Thema einen Arbeitsvorgang innerhalb der technischen Produktionschronologie, den Meyerheim aussparte, das Grobwalzen. Verblüffend ist das Arbeitstempo des Jüngeren. 1876, ein Jahr nachdem Menzel sein Werk abgeschlossen hatte, hatte er bereits den gesamten Zyklus beendet.

Die beiden Gemälde, die einen Vergleich mit Menzels Bild nahelegen, „Schmieden eines Lokomotivrades" und „Hochofenabstich", sind auf die Jahre 1873 und 1874 datiert. Meyerheims direktes Interesse am Entstehen des *Eisenwalzwerkes* geht aus folgender Mitteilung Menzels an ihn hervor, die zugleich die Vollendung seines *Eisenwalzwerkes* fixiert: *B. 22. Febr. 75. Ist's noch Dein Wunsch der Farbenauferstehung auf meinem Bilde beizuwohnen, so sei hiermit benachrichtigt, daß morgen Dienstag 23. Februar 4 Uhr Herrn Schmidt's firnißgetränkter Pinsel diesen Zauber vollführen wird. Aber unten in meinem Zimmer, dieß zur Nachachtung. Herzlichen Gruß Menzel.*[80]
Der Vergleich zeigt deutlich, wie viel wirklichkeitsnäher Menzels Gemälde ist. Sein Realismus charakterisiert die Fabrik in ihren Widersprüchlichkeiten, ohne jede Verklärung. Gerade darauf konnte Meyerheim wohl nicht verzichten. Schon das Hochformat mit dem halbrunden Abschluß reduziert die Komposition jeweils auf eine kleine Gruppe kräfti-

Hochöfen in Königshütte. 1872

Hochofen mit Rohrleitung. 1872

ger Arbeiter. Es dominiert die Monumentalität der Borsigschen Fabrikhallen, und die Arbeitsvorgänge werden durch
effektvolle Beleuchtung bedeutungsvoll überhöht. Die ham-
merschwingenden Arbeiter beim Schmieden des Rades lassen
mythische Analogien des Schmiedemotivs aufleben. Drei Arbeiter verlieren sich beim Hochofenabstich ohne sichtliches
Zusammenspiel in der hohen Halle, deren dorische Säulen
noch auf den ersten Bau des Werks zurückgehen. Ein trinken-
der und ein sich waschender Arbeiter im Hintergrund stellen
hier eine interessante Parallele zu Menzels Gruppe der
Waschenden dar. Während Menzel jedoch in der Beziehung
dieser Gruppe zu der der Arbeitenden und der Gruppe der Es-
senden den Ablauf der Schichtarbeit augenfällig macht, wirkt
das Motiv bei Meyerheim genrehaft und zufällig. Ähnlich er-
zählerische Züge auch in den übrigen Kompositionen ver-
harmlosen seine Darstellung der Industriearbeit.

Es war ganz ohne Zweifel das Erlebnis des gewaltigen
Werkes in Königshütte, das Menzel neue, entscheidende Ein-
sichten in das Problem industrieller Produktion gebracht hat.
Einige seiner zeichnerischen Studien dieser Jahre aus der berühmten alten königlichen Eisengießerei in der Invaliden-
straße in Berlin, die 1874 geschlossen wurde, bekunden mehr
historisches Interesse. Der Blick für die soziale Frage des The-
mas hat sich gewiß erst in Königshütte geweitet. Dreitausend
Arbeiter produzierten damals an sieben Hochöfen, 71 Pud-
del- und 33 Schweißöfen sowie vier Bessemerkonvertern im
Jahr 55 000 Tonnen Roheisen, 43 000 Tonnen Stabeisen und
Bahnschienen, 750 Tonnen Rohzink und 10 000 Tonnen
Stahl für die Eisenbahn. Die Hütte gehörte zwar zu den lei-
stungsstärksten, aber es war bekannt, daß die Arbeitsverhält-
nisse in Oberschlesien unter dem Standard des Ruhrgebietes
lagen. Die sozialen Auseinandersetzungen innerhalb der arbeitenden Bevölkerung Oberschlesiens während der Krise

1873 verstärkte noch der religiöse Gegensatz zu der katholisch-polnischen Arbeiterbevölkerung. Durch Bismarcks antikatholische Maßnahmen zugespitzt, war es 1871 zu Aufständen gekommen, die mit Militärgewalt niedergeschlagen worden waren.

1872 konnte Menzel in Königshütte, sensibilisiert für alle Erschütterungen und Bewegungen seiner Zeit, nichts davon entgangen sein, und in dieser angespannten Situation hat er dort gearbeitet. Es entstanden an die hundert Bleistiftstudien, kleine rasche Skizzen der Arbeiter bei ihren unterschiedlichen Tätigkeiten an den Öfen, dem Dampfhammer, an den Walzen, aber auch in der Pause, ausgestreckt in der Nähe des Arbeitsplatzes, beim Essen und beim Waschen am Ende der Schicht. Alle Vorgänge spielten sich jeweils in einer Halle ab, so, wie es Menzel später in seinem Bild dargestellt hat.

Zu diesen Bewegungsstudien kamen Zeichnungen von Maschinen und vielerlei Werkzeugen, außerdem Gesamtansichten und Details der verschiedenen Hallen mit Walzen, Walzstraße und riesigen Schwungrädern. Es entstanden Außenansichten der imposanten Hochofenanlage bei Tageslicht und in der Dunkelheit. Eine der 1872 datierten Zeichnungen zeigt einen Tagebau mit der Silhouette des langgestreckten Werkes am Horizont. Neben der Erzförderung gab es bei Königshütte auch Kalksteinbrüche und Steinkohlengruben. Menzel dokumentierte diese vielleicht einzige Reise abschließend in einer 1872 datierten Gouache, auf der er sich selbst klein im Hintergrund darstellt, einen mit der Zange am Dampfhammer hantierenden Arbeiter zeichnend. Zu dem Arbeiter existiert eine genaue Skizze, die sicher am Ort entstand (Sammlung Georg Schäfer, Euerbach). Das eigentliche Gemälde führte er im Berliner Atelier aus, wo auch die Bewegungsstudien nach Modellen ergänzt wurden. Über die Arbeit in Königshütte sagte er 1898:

170

Ein Arbeiter beim Walzen in der Fabrikhalle. 1872

...das war in Schlesien, auf Königshütte, wo ich diese Studien machte. Ich schwebte dabei in steter Gefahr, gewissermaßen mitverwalzt zu werden. Wochenlang von morgens bis abends habe ich da zwischen den sausenden Riesenschwungrädern und Bändern und glühenden Blöcken gestanden und skizziert. Diese Cyklopenwelt der modernen Technik ist überaus reich an Motiven. Ich meine nicht bloß das bißchen Rauch... An gleicher Stelle findet sich auch die Quelle dafür, daß Menzel sein Thema selbst gewählt hatte: *Noch als ich 1872 dem mich um ein Bild angehenden Bankier Liebermann (dem Onkel des Malers) das Eisenwalzwerk zu malen vorschlug, welches vom Geheimrat Jordan später den Titel Moderne Cyklopen erhielt, war er zunächst ganz erstaunt.*[81] Erstaunlich war diese Thematik tatsächlich, denn es gab bisher nichts Vergleichbares in der deutschen Malerei. Nicht die verherrlichende Ansicht eines Mammutunternehmens wie Königshütte zu malen, konnte Menzel interessieren, er wollte das Motiv der Fabrikarbeit an seiner brisantesten Stelle packen, beim Menschen. In diesem Sinne schließt der von Walter Benjamin 1938 formulierte Begriff der „Heroischen Moderne", der von Baudelaires Gedanken zur Entstehung des Proletariats ausging, auch Menzels Darstellung des Eisenwalzwerkes ein.[82] Menzels Bild weist bereits hin auf die Monstrosität eines zukünftigen Massen- und Maschinenzeitalters, das den Menschen zu einem Teil der Maschinen degradiert. Auch in dem scheinbar vordergründigen Faktum, daß Menzel über vierzig Menschen auf seinem Bild darstellt, ist eine derartige Absicht zu erkennen. Ebenso erweist sich das chaotisch wirkende Durcheinander der vielfältigen Maschinerie des Walzwerkes, deren schnellem Lauf die Menschen nachhasten müssen, als ein durchaus geordneter industrieller Betrieb, in dem jedes Teil, so auch der Mensch, seine bestimmte Aufgabe zu erfüllen hat. Wie sehr er

seine elementarsten Bedürfnisse dem Arbeitstakt unterzuordnen hatte, hat Menzel im Hinweis auf den unter unwürdigen Bedingungen stattfindenden Schichtwechsel deutlich gemacht. Menzels Bild ist bei aller Authentizität keine unbeteiligte Reportage. Die Wirklichkeitserfahrung ist es, die seinem teilnehmenden Realismus die menschliche Dimension verlieh. Die Arbeiter aus Königshütte waren der Maßstab; mit dem Aufzeigen ihrer Individualität hat er sie zudem als die wesentliche Kraft im Arbeitsprozeß gewürdigt.

Das *Eisenwalzwerk* blieb nur wenige Monate im Besitz des Bankiers Adolph Liebermann. Der Niedergang seines Unternehmens zwang ihn, 1876 seinen gesamten Kunstbesitz deutscher Meister zu versteigern. Schon Mitte Juli 1875 hatte er aber einige Bilder, darunter das *Eisenwalzwerk*, der Nationalgalerie, die 1876 eröffnet werden sollte und von Menzel nur die *Tafelrunde Friedrichs des Großen* besaß, zum Verkauf angeboten. Der zukünftige Direktor, Max Jordan, der Menzels Arbeiten sehr gut kannte und schätzte, wollte das Bild unbedingt erwerben. Wegen des bedeutenden Preises von 30 000 Talern, Menzel hatte von Liebermann 11 000 Taler erhalten, richtete Jordan ein Kaufersuchen an den Kultusminister. Seine beredte Anpreisung des Bildes ist eine sehr zeitbedingte und zugleich taktische Stilisierung des Gemäldes zu einer Abart der Historienmalerei. Jordan beschrieb „die Verherrlichung der groben Arbeit des modernen Culturlebens... die ergreifende Schilderung des Heldenmutes der Pflicht... bei Vermeidung aller Absichtlichkeit" als „eine verwandte, aber ganz eigenartige Erscheinung", den „großartigsten Historienbildern unserer Tage an sittlicher Wirkung ebenbürtig..."[83] Die Tendenz, die Menzels Bild hat, wurde nicht wahrgenommen, durfte zumindest nicht propagiert werden und wurde ihm mit der Formulierung „bei Vermeidung aller Absichtlichkeit" sogar abgesprochen. Aber das

Schreiben hatte seine Wirkung getan, Jordan erhielt die Möglichkeit, das Gemälde zu kaufen.

Unter den zeitgenössischen Bildern der Nationalgalerie, die als ein ‚Tempel der Kunst‘ erbaut worden war, erregte das *Eisenwalzwerk* Aufsehen, seit es dort ausgestellt wurde. Entweder heroisiert oder verurteilt, wurde es selten sachlich betrachtet und in seiner Besonderheit auch für Menzels Schaffen erkannt.

Im April 1879 schrieb Menzel an Jordan einen Brief, in dem er bat, die ungenaue Beschreibung des Bildes im ersten Katalog zu ändern, und fügte seinen klaren, anschaulichen Text bei. Jordan akzeptierte das, und mit minimalen stilistischen Veränderungen erschien in der Auflage von 1879 Menzels folgende Beschreibung des Bildes:

Der Schauplatz ist eine der großen Werkstätten für Eisenbahnschienen zu Königshütte in Oberschlesien – Schiebewände, die hochgezogen sind, lassen allseitig Tageslicht ein. Man blickt auf einen langen Walzenstrang, dessen erste Walze die aus einem Schweißofen geholte „Luppe" (das weißglühende Eisenstück) aufnehmen soll. Die beiden Arbeiter, welche dieselbe herangefahren haben, sind beschäftigt durch Hochdrängen der Deichsel des Handwagens die Luppe unter die Walze gleiten zu machen, während drei andere mit Sperrzangen der Luppe die Richtung zu geben bemüht sind. Die Arbeiter jenseits der Walze halten sich fertig, die Luppe, ... mit Zangen und Hebestangen, welche letztere beweglich an Ketten vom Gebälk herabhängen, in Empfang zu nehmen, um sie über den Walzenstrang hinüber den Vorigen wiederum zuzuschieben behufs weiterer Wiederholung desselben Verfahrens an den sämmtlichen unter sich verschieden profilierten Gängen des ganzen Walzenstranges, bis zu schließlich vollendeter Umwandlung der Luppe in die fertige Eisenbahnschiene. Links

fährt ein Arbeiter einen Eisenblock dem der Dampfham-
mer die Form gegeben zum Verkühlen hinweg. Auf dersel-
ben Seite ganz im Hintergrunde wird ein Puddelofen von
Leuten bedient, in deren Nähe der Dirigent sichtbar ist. Der
Schichtwechsel steht bevor: während weiter im Mittel-
grunde Arbeiter halbnackt beim Waschen sind, wird rechts
Mittagbrod verzehrt, das ein junges Mädchen im Korbe
gebracht hat.[84]

Späte Reisen – Wien und Karlsbad
1871–1903

Über sein verspätetes Reisen, auf Grund der finanziell beengten Jugendjahre, bemerkte Menzel 1859 an den Freund Adolf Schöll: *Mein bißchen spätes Reisen, ist's auch stets noch nur mehr ein Hier- und Dorthineinriechen, mehr Schwalbenflug als Kunstwanderung gewesen; unbeschadet der gepriesenen Innigkeit und Wonne der Jugendeindrücke, so glaube ich nach mir, der, an den das alles erst später kommt, was freilich die meisten schon als dumme Jungen erlebten, der genießt aber auch intensiver. Und am Notizbuch bleibt auch noch ein und Anderes hängen...*[85]

Vieles hat er wohl später nachzuholen versucht. Doch bleibt der Eindruck bestehen, daß seinen Reisen, trotz der Regelmäßigkeit, mit der sie fast jeden Sommer viele Wochen, manchmal Monate dauerten, in ihrer beinahe rastlos wirkenden Spontaneität etwas vom *Schwalbenflug* geblieben war. Über Deutschland und Österreich hinaus ist er nur wenige Male gekommen. Paris, der Metropole neuerer Kunst, galt seine erste Reise in ein anderes Land. Nach 1855 war er noch zweimal, 1867 und 1868, dort. Sein kurzer Aufenthalt in Belgien 1861 führte ihn nach Antwerpen, Gent, Brügge, Ostende und Brüssel. Zur Vorbereitung seiner Illustrationen zum „Zerbrochenen Krug" Heinrich von Kleists war er im Oktober 1876 in Holland, in Amsterdam, Utrecht, Rotterdam und Den Haag. 1881, mit sechsundsechzig Jahren, reiste er zum ersten Mal nach Italien. Die dreimonatige Reise ging über die Schweiz und Südtirol bis nach Verona. Seine Beweggründe verhielten sich dabei konträr zu denen der Klassizisten und

Romantiker oder seiner neuidealistischen, wenig jüngeren Zeitgenossen Feuerbach, Böcklin und Marées. Der realistische Schilderer wollte auch hier seine Epoche auf eigene Weise entdecken. Er suchte nicht das Licht oder die große Form, sondern reportagenhaft hielten seine Skizzen wie Schnappschüsse die Vielfalt der Einzeldinge fest, die er im Atelier mosaikartig zu Kompositionen zusammenfügte. Vor allem der Darstellung des Gewimmels von Menschen auf einem Marktplatz ist sein letztes großes Ölgemälde der *Piazza d'Erbe in Verona* gewidmet. Die Isoliertheit des einzelnen in einem verwirrenden Durcheinander wird in jenem Großstadtbild sichtbarer Ausdruck des wachsenden Massenzeitalters. Fasziniert von diesen Vorgängen zog es Menzel im Jahr darauf von München aus wieder nach Verona, „die italienischste der italienischen Städte", wie Fontane im Roman „Der Stechlin" wohl einem Zeiturteil Ausdruck verlieh, um gleich ein „Nie und nimmer!" dagegenzusetzen.

An die Schwester schrieb Menzel: *Morgen nach Chiavenna. Das ist so gekommen. Es war doch allgemach in mir der Entschluß gereift, bei solcher Nähe nicht zu versäumen mir in Verona noch einiges zu besehen... Ob ich es aber bis Venedig treibe bin ich noch nicht entschlossen, will es erst drauf ankommen lassen, was mir unterwegs das alles für Eindruck macht.*[86]

Bis nach Venedig ist Menzel jedoch nie gekommen, obwohl ihn der Gedanke daran nicht ganz verlassen hatte. Im Skizzenbuch von 1894/95 findet sich folgende Notiz:

Dr. Strauß [Kunstsammler in Wien] Idee, v. Kiss. [ingen] München-Salzburg etc. Venedig – Wien – –.

Auf seine weiten, und wie man sah, auch schnell geänderten Reiserouten nahm er eine Art Schrankkoffer mit, der die Maße einer großen Truhe hatte. In zwei Skizzenbüchern von 1855 und 1859 zeichnete er jeweils ihren Grundriß mit den verschieden großen Fächern, die er mit Art und Anzahl der mitzunehmenden Kleidungsstücke beschriftete: Hemden, Socken, Westen, Binder bis zu den Stiefeln etc.

Das Skizzieren begann dann bereits während der Fahrt im Zugabteil. Menzel war sicher neben einigen englischen Künstlern, vor allem aber neben Honoré Daumier, einer der ersten, die das Motiv des Reisens mit der Eisenbahn aufgegriffen haben. Vom Vergnügen und den Strapazen dieses modernsten Verkehrsmittels berichten seine Blätter ohne Scheu, scharf und manchmal bereits mit kritischem Blick auf den wachsenden Tourismus. Es sind Schilderungen reisender Bürger der Wilhelminischen Zeit, deren Schwächen, preisgegeben unter dem Zwang der Öffentlichkeit eines Zugabteils, er schonungslos festgehalten hat.

Nach fast zwanzig Jahren erst sah Menzel Wien wieder, nachdem er die Stadt 1852 mit dem Dampfschiff donauabwärts über Donauwörth kommend zum ersten Mal besucht hatte. Seitdem gehörte sie zu den erklärten Reisezielen der späteren Jahre. Von der Reise 1871 sind zwei seiner charakteristischen stenogrammartigen Berichte an Krigars bekannt:

Wien 8. August 71. Hotel Kaiserin Elisabeth, Weihburggasse. Geliebte! Gestern Abend angekommen. Meine 2 Briefe und Telegramme letztere aus Linz und von heute morgen müßt Ihr bekommen haben? Mölk hat mich von Freitag Mittag bis gestern festgehalten; es war der elenden Rostbrateln und nicht zu kauender Hähneln doch werth. In der Kirche sind dekorative Stucksachen, Holzschnitzereien, Gold- und Marmorüppigkeit, die in unserem alten Schloß auftreten können. Diese Leopold, Carl VI. waren sie an sich auch Simpels, gleichviel, sie ließen sich zu ihren glänzenden soliden Bauunternehmungen doch wenigstens bereden, gaben damit weitherum einen Impuls; ihre Architekturen, Monumente etc. geben heute noch den Grund-

stock von Wiens Glanz her. (Selbstverständlich des Ste-
phan zu schweigen). Heute war ich fast den ganzen Tag in
der Gallerie Liechtenstein, die ich damals gar nicht kennen
gelernt. Was steckt da alles! Die nichtswürdige Aufhän-
gungs-Kommission und ein paar hundert Mediokers und
Schund schaden ihr kaum viel. Dazu diese so und so viel 20
Säle und Zimmer mit Fresko- oder Oel-Plafonds! – – höchst
lehrreich – Morgen sehe ich das Belvedere wieder u.s.w.
Vielfach verändert hat sich Wien wirklich, man darf aber
gewiß nicht sagen, zum Nachteil. Die Freiung hat einen
neuen Springbrunnen, sonst mag sie und die Stephan-Re-
gion wohl am ungeschorensten gelassen sein.

Der Graben etc. ist noch das Schwimmbassin aller Welt.
Erhitzt einem dort eine Tasse Eis die Phantasie, so könnte er
momentweise eine Art Boulevard spielen. Was den farbege-
benden Einfluß der schönen Menschheitshälfte betrifft, so
lassen schon die Linzerinnen den Touristen fühlen, daß er in
den Wendekreis der Madle vorgedrungen, wogegen zu Salz-
burg noch die ältliche Kirchenlaus überwiegt. Indeß jeden-
noch s'ist doch ein himmliches Loch. Geliebten, Gott erhalte
Euch Alle, grüßt die Andern, küßt mir die Kinder. Adolph.

Zwei Tage später folgte noch ein kürzerer Nachtrag:
Heute auf meinem Wege durch die Grünangergasse gehend
hörte ich plötzlich die Cismoll spielen – – nicht meisterhaft,
aber eigen war mir der Eindruck doch gerade hier so zufäl-
lig. Im Uebrigen lebe ich hier als richtiger Pflastertreter wie
die beiden mal zu Paris. Gehe vormittags fort, komme
Abends nach Hause. Ich schlafe viel, nicht zu spät zu Bette,
aber spät auf. Heute Nachmittag im vielberufenen Ester-
hazy Keller. Wein und Würschte sehr gut, Gesellschaft circa
so gemischt wie Petterkeller aber viel kleiner, der Keller nur
eng. Dann noch in der Dämmerung im Stephan – allein – –
o!...[87]

179

Indianerzelt und Caféhausterrasse auf der Weltausstellung in Wien. 1873

Stephansdom in Wien, am Stock-im-Eisen-Platz. 1873

Dachluke in Eger. 1873

*Kniender Ministrant und Notizen über den Besuch in
Beethovens Sterbezimmer. 1874*

Immer wieder war es die Kunst des Barock, die Menzels Wegstrecken mitbestimmte und ihn auch in den letzten drei Jahrzehnten über Süddeutschland, Österreich bis nach Böhmen geführt hat. Der Faszination dieses Stils, der über eine unbändige Körperlichkeit hinweg auf Übersinnliches zielt, konnte sich Menzel nicht entziehen. Geistesverwandte Impressionen finden sich in seinen Zeichnungen und Farbbildern wieder.

1873 zog ihn am Ende einer langen Sommerreise durch Oberösterreich die Weltausstellung nach Wien. Prag und Eger waren wie im folgenden Jahr Stationen auf der Rückfahrt. Die Erinnerung an die Weltausstellung hält im Skizzenbuch ein Indianerzelt fest, nach dem Menzel im gleichen Jahr das Bild *Indianercafé* malte. Auf spätabendlichen Streifzügen durch die Gassen der Städte zeichnete er gern malerische dämmrige Winkel, vom Mond- oder Laternenlicht erhellte, durch den Hell-Dunkel-Kontrast belebte Szenerien. In Wien ist so ein Blick auf den Stephansdom mit heftigen Strichen skizziert, wie er als Silhouette aus einer schmalen Gassenflucht aufragt. Auch die Spuren Mozarts, Schuberts, Beethovens oder Brahms' verfolgte Menzel in Wien. Im Deckel des Skizzenbuches von 1874 notierte er seinen Besuch in Beethovens Sterbezimmer im Schwarz-Spanier-Haus, das er einen Tag später, am 20. August, erneut aufsuchte und zeichnete.[88]

Im März 1888 war Menzel mit dem Gemälde *Prozession in Hofgastein* von 1881 und einer Serie von Aquarellen an der internationalen Jubiläumsausstellung beteiligt und erhielt die Goldene Staatsmedaille. Im Frühjahr 1896 brachten ihm weniger bekannte Arbeiten, die die Wiener Privatsammler Paul Kuh und Max Strauß zeigten, erneut großen Publikumserfolg, darunter die *Piazza d'Erbe*, etliche Gouachen und Graphiken. In diesen Jahren machte er auch die Bekanntschaft des 1812 geborenen Wiener Malers Rudolf von Alt.

Stiegengasse in Karlsbad. 1893

Portaltreppe der Maria-Magdalenen Kirche
in Karlsbad. 1894

Röhrenbrunnen mit Bassin. 1894

Alts Deckfarbenmalerei weist in einigen Darstellungen des Wiener Stadtlebens Berührungspunkte zu Menzel auf.

Einige Male fuhr Menzel in den neunziger Jahren von Kissingen aus, wohin er seine Schwester seit 1880 nach dem Tod des Schwagers, des Musikdirektors Hermann Krigar, fast jedes Jahr zur Kur begleitete, allein weiter ins Böhmische nach Karlsbad. Gegenüber anderen Bädern in Deutschland besaß Karlsbad neben der reizvollen Landschaft auch architektonische Anziehungspunkte für Menzel. Die Bemerkungen Fontanes über die Annehmlichkeiten dieses Kurortes treffen sicher den Zeitgeschmack und damit auch Menzels Ansichten, der schon 1867 ironisch wohlmeinend schrieb, wie sehr man nach kurzem dort bereits „halb böhmisch" würde, „soweit Kaffe und Hörnchen – die beiden besten Artikel in Böhmen – ein preußisches Herz östreichisch oder gar czechisch machen können…"[89]

Menzel durchstreifte den bergig gelegenen Ort mit dem Charakter einer „Welt-Gasthausstadt" und zeichnete die vielfältigsten Motive auch hier in seine kleinen Bücher. Manche Ansichten führte er bildhaft aus, wie die schmale Gasse, deren Stiegen zwischen Häusern emporführten, oder die halbrunde Treppe vor dem Portal der erhöht gelegenen spätbarocken Maria-Magdalenen-Kirche von Kilian Dientzenhofer. Die Skizze eines Brunnens erinnert an die vielen Mineralquellen, deren Heilkraft Karlsbad so berühmt gemacht hatte.

In den letzten Lebensjahren wurde Menzel immer einsamer. Es war, als sei der Nimbus des Einmaligen und Originalen seiner Kunst von den Ehrungen des Kaiserreichs, die er erhalten hatte, verdeckt worden. Als Künstler fühlte er sich schon zu Lebzeiten vergessen. 1896 erlebte er noch Hugo von Tschudis Deutung und Kritik seines Werkes, der in einem Vergleich den Arbeiten Böcklins den höheren künstlerischen

Kirchgänger nach der Messe. 1903

Drei Kruzifixe. 1903

190

Selbstbildnis dreiundachtzigjährig. 1899

Kopf eines bärtigen Mannes. 1903

192

Letzte Seite im Karlsbader Skizzenbuch. 1903

Wert zuerkannte.[90] Menzel empfand die Mißachtung der Jüngeren deutlich und reagierte bisweilen bissig und abweisend. Auch seine familiäre Situation hatte die Freuden früherer Jahre verloren. Fontane nannte die Atmosphäre, in der Menzel lebte, „trostlos". Von einer Begegnung in Bad Kissingen 1889 schrieb er: „Die Menzelei war vergleichsweise von einer hervorragenden Liebenswürdigkeit, und es wäre schändlich, wenn ich hier mäkeln und nörgeln wollte. Fiel ein Abglanz von ihm auch auf mich, der ich gewürdigt wurde, halbe Stunden und länger mich mit dem kleinen Mann und der großen Berühmtheit auf der Promenade herumzuzieren. Dennoch bleibt das bestehen; es ist ein Haus, das jede Gemütlichkeit ausschließt, da sie – ganz abgesehn von den Gefahren, denen man selber preisgegeben ist – untereinander auf einem beständigen Kriegsfuß leben, so daß man ihr Haus immer nur betritt wie einen eben überfrorenen Strom, der einen vielleicht tragen, aber vielleicht auch verschlingen kann."[91]

In diesen späten Lebensjahren eröffnete sich Menzel noch ein letztes neues Thema. Er begann aus großer Nähe Köpfe, manchmal auch Halbfiguren der vielen anonymen Menschen, denen er überall begegnete, zu zeichnen und zu bildhaften Kompositionen zu gestalten. In dem Skizzenbuch von 1893, das er vermutlich auch in Karlsbad benutzte, wie auch in dem der letzten Reise dorthin im Jahr 1903 ist das Motiv der Köpfe vorherrschend. Die Studien sind sorgfältig durchgezeichnet oder mit dem Wischer vage modelliert, vielleicht, um den Bleistift später hinzuzusetzen. In den neunziger Jahren hatte Menzel das Malen aufgegeben und seitdem nur noch mit Bleistift und Estompe gearbeitet. Seine Virtuosität erreichte in dieser Technik noch einmal geniale Höhe. Zart und vehement zugleich arbeitend, gelang ihm das Äußerste an Nuancierung grauer und schwarzer Töne, in Zeichnungen, in denen das Motiv geistig belebt zu jener Magie gesteigert wurde, die das Genie offenbart. Thomas Manns Worte, „Aber was ist ‚Stoff'! Das Persönliche ist alles. Der Stoff ist nur durch das Persönliche"[92], treffen auch auf Menzel zu.

Aus Karlsbad zurückgekehrt, wurden diese Figurenstudien in Berlin fortgesetzt. Die Begegnung mit den oft armen und alten Modellen, die er gegen Entlohnung zeichnete, gehörte vielleicht zu den wesentlichen menschlichen Erfahrungen des greisen Menzel. In den manchmal zu Szenen zusammengefügten Köpfen oder Brustbildern, ohne daß Beziehungen zwingend erkennbar werden, variierte Menzel erneut das Thema der Entfremdung. Der einstige Versuch, psychologische Vorgänge in der Physiognomie anschaulich zu machen, der ihm im Bild der Ansprache Friedrichs des Großen vor der Schlacht bei Leuthen mißlang, wurde hier wieder aufgegriffen. Nun aber schuf Menzel in diesen letzten Blättern, von der unmittelbaren Realität ausgehend, eine Welt unterschiedlichster seelischer Regungen. Manchmal traumhaft wie im Nebel verschwimmend, dann wieder naturgetreu und doch unwirklich, lebt diese von der stummen Zwiesprache des Meisters mit seinen Modellen. Bilder und Spiegelbilder zugleich, reflektieren die Zeichnungen jenseits einer vordergründigen Aussage Empfindungen wie Ergriffenheit, Skepsis und Ernst, Freude, Gleichgültigkeit und Trauer.

Anmerkungen

Von Breslau nach Berlin...

1 Robert Becker: Adolph Menzel und seine schlesische Verwandtschaft. Studien zur deutschen Kunstgeschichte. Heft 222. Straß-
burg 1922, S. 8f. Die Vermutung, Menzels Mutter könnte auf
Grund ihres Namens slawischer Herkunft sein, wird von Bek-
ker (S. 41) ohne Begründung bestritten. Vgl. auch Karl Scheffler: Adolph Menzel. Berlin (1938), S. 12.

2 Gustav Kirstein: Ich, Anfangsseiten eines Tagebuches von Menzel. In: Zeitschrift für bildende Kunst. 50. NF. 26. 1915, S. 28
mit einem Faksimile und einer Photographie des Wohnhauses.
Vgl. auch Gustav Kirstein: Das Leben Adolph Menzels. Leipzig
1919, S. 3–5. Das Haus wurde 1898 zusammen mit dem angrenzenden Gebäude abgerissen. An dem dort errichteten
Bankgebäude wurde eine Erinnerungstafel angebracht.
Anlaß zur Aufnahme in den „Jüngeren Künstlerverein Berlins"
bot der erste Auftrag Menzels durch den Berliner Verleger Louis
Sachse. Bei ihm erschienen 1833 (datiert auf 1834) elf Federlithographien zu Goethes „Künstlers Erdenwallen", die von
Gottfried Schadow in der „Allgemeinen Preußischen Staatszei-
tung" am 14.1.1834 lobend erwähnt wurden.

3 Zwei autobiographische Niederschriften in der Akademie der
Künste Berlin. 1853 anläßlich seiner Wahl zum Akademiemit-
glied am 30.4.1853. 1896 auf einem Fragebogen, nur teilweise
von Menzel ausgefüllt. Vgl. Alexander Amersdorffer: Adolph
Menzel Personalia. Faksimile Ausgabe. Leipzig 1924 und
Adolph Menzel. Ausstellungskatalog aus Anlaß seines 50. To-
destages. Ehemals Staatliche Museen Berlin, Nationalgalerie
1955 (bearb. von Irmgard Wirth), S. 8f.

4 Karl Scheffler: wie Anm. 1, S. 11.

5 Nach einer Mitteilung von 1975 Anna Ottonie Krigar-Menzels
(Malerin, genannt Annot, New York) befand sich die Zeichnung mit etlichen anderen auf Familie und Musik bezogenen

196

Arbeiten in einer Kiste, die im Krieg auf Schloß Carolath in Schlesien ausgelagert war. Verbleib unbekannt.

6   An Ludwig Pietsch. Berlin, 24. Dezember 1879. In: Hans Wolff (Hrsg.): Adolph von Menzels Briefe. Berlin 1914, S. 223. Im folgenden zitiert als „Wolff: Briefe".

7   Nach einem autobiographischen Bericht, den Menzel 1865 für Brockhaus' Konversationslexikon verfaßt hatte, Nationalgalerie Berlin, Archiv, Menzel-Nachlaß. Menzel schickte das vollständige Manuskript, das von Brockhaus, dieser *Prokrustes-Offizin* stark gekürzt worden war, laut Brief vom 27. Dezember 1878 an Friedrich Pecht, der einen Teil in seinem Buch: Deutsche Künstler des 19. Jahrhunderts. Nördlingen 1879, abdruckte. Vgl. auch Gustav Kirstein: Das Leben Adolph Menzels. Leipzig 1919, S. 110; vollständig in: Kunst und Künstler. 22. 1924, S. 124–131.

8   An Carl Heinrich Arnold. Berlin, 23. Februar 1836. Wolff: Briefe, S. 3.

9   Wie Anm. 7.

10   An C.H. Arnold. Berlin, 4. Juni 1837. Wolff: Briefe, S. 17f. An denselben. Berlin, 22. Juli 1843. Wolff: Briefe, S. 78.

11   An C. H. Arnold. Berlin, 10. November 1846. Wolff: Briefe, S. 98.

12   An Eleonore Martini. Berlin, 11. Februar 1846. Becker: wie Anm. 1, S. 14.
Zu Menzels Unterstützung der schlesischen Verwandtschaft vgl. seinen Brief an den Kunsthändler Gustav Lüderitz vom 1. November 1879. Wolff: Briefe, S. 220.
1868 malte er eine allegorische Darstellung Preußens, *Borussia*, für einen Kiosk auf einem Basar der Notleidenden Oberschlesiens (Berlin Museum). 1880 zeichnete Menzel das Titelblatt zum Programm für eine „Matinée zum Besten der notleidenden Oberschlesier" im Königlichen Opernhaus. (Elfried Bock: Adolph Menzel. Verzeichnis seines graphischen Werkes. Berlin 1923, A II 82)

13 An Karl Martini. Berlin, 20. November 1865. Wolff: Briefe, S. 202.

14 An Emilie Menzel. Kassel, 11. August 1847. Wolff: Briefe, S. 109. An die nach ihrer Rückkehr aus Jauer erkrankte Schwester aus Kassel, 19. November 1847: *Aber Du armes geliebtes Huhn, was wird Dir Dein Fieber wieder alles schlesische Schmalz abgeschüttelt haben?!* (Wolff: Briefe, S. 116)

15 An C. H. Arnold. Berlin, 23. April 1844. Wolff: Briefe, S. 80.

16 Theodor Fontane: Adolf Menzel. Zu Menzels 80. Geburtstag am 8. Dezember 1895. In: Die Zukunft. 4. 1895. (10), S. 441–444. Wiederabgedruckt in: Theodor Fontane: Aufsätze zur Literatur. 2 Bde. München 1970, S. 516–519.

Rügen und Stettin…

17 An Carl B. Lorck (J. J. Weber in Leipzig). Berlin, 21. Juni 1840 und Dresden, Freitag früh [3. Juli] 40. Wolff: Briefe, S. 45. An J. J. Weber in Leipzig. Berlin, 9. September 1841. Wolff: Briefe, S. 61. An C. H. Arnold in Kassel. Berlin, 19. Juli 1842. Wolff: Briefe, S. 72. Vgl. auch: An C. H. Arnold. Berlin 12. September 1842. Wolff: Briefe, S. 73 (Erinnerung an den Abreisetag ein Jahr zuvor).

18 An C. H. Arnold. Berlin, 5. März 1836. Wolff: Briefe, S. 7.

19 An C. H. Arnold. Berlin, 8. Januar 1851. Wolff: Briefe, S. 152.

20 An die Geschwister. Kassel [etwa 11. Februar 1848]. Wolff: Briefe, S. 124.

21 An C. H. Arnold. Berlin, 26. Dezember 1851. Wolff: Briefe, S. 154.

22   Den Wunsch, sich als Historienmaler zu bewähren, hegte Menzel lange Jahre. Zwei Projekte, bei denen er im Gespräch gewesen war, die Ausmalung des Neuen Museums von August Stüler 1855 und die des neuen Rathauses von Friedrich Waesemann 1861/69 zerschlugen sich. Vgl. dazu auch Claude Keisch: Adolph Menzel: „Ansprache Friedrichs des Großen an seine Generale vor der Schlacht bei Leuthen". Vermutungen über ein unvollendetes Meisterwerk. In: Forschungen und Berichte. Staatliche Museen Berlin. 26. 1987, S. 274.
      Als sich die Restaurierung der Marienburg verzögerte, nahm er den Auftrag für den sogenannten Kassler Karton an, der allerdings nicht den ersehnten Erfolg brachte (eine Dissertation zum Thema „Menzel und Kassel" von Cornelia Dörr an der Philipps Universität in Marburg wird demnächst abgeschlossen). An die ungeduldig auf seine Rückkehr aus Kassel wartenden Geschwister hatte Menzel am 3. November 1847 geschrieben: *Du [Emilie] bist ja wohl die Erste, die nicht will, daß ich mich jetzt meiner jahrelangen Sehnsucht nach einer solchen Arbeit unwürdig erzeigen soll?* (Wolff: Briefe, S. 115)

23   Die Opfer, die die bürgerliche Existenz von Menzel forderte, veranlaßten ihn rückblickend zu resümieren: ... *enfin bestand mein halbes Leben aus Reue. So oder so!* Berichtet von Axel Delmar: Die „kleine Exzellenz". In: Die Woche. 7. 18. Februar 1905 (7), S. 280. Äußerungen über den Zwang des Broterwerbs für den nach freier Entfaltung Strebenden finden sich in etlichen seiner Briefe. Vgl. z.B.: An C. H. Arnold. Berlin, 23. Februar 1836, Wolff: Briefe, S. 4; an Friedrich Pecht. Berlin, 9. Dezember 1878, Kirstein: wie Anm. 7, S. 107; an Adolf Schöll. Berlin, 3. Dezember 1879, Werner Deetjen: Adolf Menzel und Adolf Schöll. Ungedruckte Briefe Menzels. In: Jahrbuch der preußischen Kunstsammlungen. 55. 1934. Beiheft 30–40, S. 39.

24   Theodor Fontane: Autobiographische Schriften. Von Zwan-

zig bis Dreißig. Hrsg. von Gotthard Erler u. a. Berlin 1982. Bd. 2, S. 181.
Im Herbst 1857 waren Kuglers in eine elegantere Wohnung in der Schellingstraße 9 gezogen.

25 Kunstakademie Königsberg. Ausstellungskatalog. Hrsg. von der Prussia Gesellschaft e. V. Duisburg. Duisburg 1982, S. 12.

26 Theodor Fontane: wie Anm. 24, Bd. 3/1, S. 213 (»Tunnel«-Protokolle).

27 An Paul Heyse in München. Berlin, [wahrscheinlich Anfang Februar] 1855. Bayerische Staatsbibliothek, München. Heyse Archiv VI (Menzel), unveröffentlicht. Der Brief enthält hauptsächlich eingehende Gedanken zu Heyses neuesten Novellen „Die Blinden" und „Marion". Die gerade erschienene erste Sammlung der „Novellen" (mit zwei weiteren, zuvor bereits veröffentlichten Erzählungen) war Heyses Abschiedsgeschenk an Menzel. Die erwähnten Entwürfe sind Kriegsverluste der Nationalgalerie. Abgebildet bei Max Jordan: Das Werk Adolf Menzels. München 1905, S. 43.

28 An Paul Heyse in München. Berlin, 19. Oktober 1855. Wie Anm. 27, unveröffentlicht.

29 Die Fontanes und die Merckels. Ein Familienbriefwechsel 1850–1870. Hrsg. von Gotthard Erler. Berlin 1987, Bd. 1, S. 13 und S. 21 f.

30 Die Wandgemälde in Meisters Großem Remter auf Schloß Marienburg. Beitrag zur Geschichte der Restauration des Schlosses von M.R. In: Die Dioskuren. 1. Dezember. 1856, S. 164.
Im November 1856 war Menzel zum Professor ernannt worden. Ausschlaggebend dafür war wohl das Gemälde *Friedrich und die Seinen in der Schlacht bei Hochkirch*. Am 24. Oktober 1856 hatte er das 1851 begonnene Bild vollendet.

31 Menzels handschriftliche Notiz zur Entstehung des Blattes. Nationalgalerie, Berlin, Archiv, Menzel-Nachlaß, unveröffentlicht.
Ottomar Beta: Gespräche mit Adolf Menzel. I, II. In: Deutsche Revue. 23. 1898, S. 108.

32 Wie Anm. 27.
    Zum Auftrag vgl. auch die Mitteilung in: Deutsches Kunst-
    blatt. 6. 22. Februar 1855 (8), S. 72.

33 An C. H. Arnold. Berlin, 16. Januar 1849. Wolff: Briefe, S. 138.

34 Schrieb Menzel am 7. April 1848 noch an seinen Freund, den
    Stabsarzt Wilhelm Puhlmann in Potsdam: *Bist du gleich
    garde= und ich durchaus plebejisch gesinnt, welches Er-
    stere ich hiermit ferner getadelt haben will...* (Wolff: Briefe,
    S. 132), so klang es am 15. September an Carl Arnold bereits
    resigniert: *Man hat wieder einmal der Menschheit zuviel zu-
    getraut; zur (gerechten) Indignation über Oben ist nun nur
    die Indignation über Unten gekommen. Nichts als der
    Schwung von einer Schulbank auf eine Andere...* (Wolff:
    Briefe, S. 136)

35 An J. J. Weber in Leipzig. Berlin, 17. Juli 1839. Wolff: Briefe,
    S. 32.

36 Wie Anm. 19, S. 153.

37 Albert Hertel: Erinnerungen an Menzel. In: Süddeutsche
    Monatshefte. 9. 1912 (3), S. 786 f. Der mit Menzel befreun-
    dete Maler Hertel berichtet hier von Äußerungen Menzels
    zum Ankauf der *Schlacht bei Hochkirch* durch Friedrich Wil-
    helm IV. und dessen Auftrag zu den „Werken Friedrichs des
    Großen".

38 Max Schasler: Was thut der deutschen Historienmalerei
    Noth? In: Die Dioskuren. 8. 1862, S. 50.
    Vgl. auch: Max Schasler: Über Idealismus und Realismus in
    der Historienmalerei. Eine Parallele zwischen M. v. Schwinds
    „Kaiser Rudolph, der gen Speyer zum Sterben reitet" und
    A. Menzels „Friedrichs II. und Josephs II. Zusammenkunft zu
    Neisse". In: Die Dioskuren. 3. 1858, S. 143–146.

39 An C. H. Arnold. Berlin, 23. April 1847. Wolff: Briefe, S. 103.
    Schleter ist Konsul Heinrich Adolf Schletter.

40 An Friedrich Pecht. Berlin, 25. Oktober 1859. Kirstein: wie
    Anm. 7, S. 103 f. An Wilhelm Puhlmann. Berlin, 5. November
    1836. Wolff: Briefe, S. 15.

41 Zur Rücknahme des Auftrages des Bildes *Bon soir, Messieurs!* durch den Herzog von Ratibor vgl. Alfred Lichtwark: Briefe an die Kommission für die Verwaltung der Kunsthalle. In: Auswahl. Hrsg. von Gustav Pauli. Hamburg 1924. Bd. 1, S. 240; Bd. 2, S. 32.

An Fritz Werner. Berlin, 27. März 1856. Nationalgalerie Berlin, Archiv, Menzel-Nachlaß, unveröffentlicht.

42 An die Geschwister. Rheinsberg, 3. Oktober 1860. Wolff: Briefe, S. 178.

43 An Carl Arnold hatte Menzel am 6. September 1840 in Erinnerung an seine kurze Dresden-Visite zu Studien für die Illustrationen zu Kuglers „Geschichte Friedrichs des Großen" im Juli 1840 (vgl. Anm. 17) geschrieben: *Dresden an sich war mir fatal, was es interessant macht, (die alten Prachtarchitekturen und die Gallerie), ist theilweise Ruine.* (Wolff: Briefe, S. 49)

Königsberg...

44 An Friedrich Pecht. Berlin, 9. Dezember 1878. Kirstein: wie Anm. 7, S. 108.

45 An Adolf Schöll. Berlin, 1. Juli 1859. Deetjen: wie Anm. 23, S. 34.

46 Vgl. dazu Delmar: wie Anm. 23, S. 280e–280f. Die neueste Studie über die *Ansprache Friedrichs an seine Generale vor Leuthen* von Keisch: wie Anm. 22, S. 259–282.

47 Beta: wie Anm. 31, S. 50f.

48 1902 gab Menzel das *Balkonzimmer* und das *Théâtre Gymnase* seinem Händler Hermann Pächter, von dem der Dresdener Sammler Adolf Rothermund das *Théâtre Gymnase* noch im gleichen Jahr erwarb. Zu Menzel und Frankreich vgl. auch Françoise Forster-Hahn: Menzels Realismus im Spiegel der französischen Kritik. In: Adolph Menzel. Ausstellungskatalog Nationalgalerie Berlin 1980, S. 27–47.

49 Theodor Fontane: Wanderungen durch die Mark Brandenburg. Hrsg. von Gotthard Erler u. a. Berlin 1987, Bd. 2, S. 50 und S. 55.

50 An Hermann Krigar. Freienwalde, 5. August 1861. Wolff: Briefe, S. 191.

51 An Fritz Werner. Berlin, 11. Juli 1861. Nationalgalerie Berlin, Archiv, Menzel-Nachlaß, unveröffentlicht. An denselben. Freienwalde, 3. August 1861. Wolff: Briefe, S. 189.

52 An Fritz Werner. Berlin, 27. Mai 1861. Wie Anm. 41, unveröffentlicht.

53 An Fritz Werner. Berlin, 12. Oktober 1861. Wolff: Briefe, S. 196f.

54 Das Album mit einer mehrseitigen handschriftlichen Dokumentation und zahlreichen Photographien im Kupferstichkabinett – Sammlung der Zeichnungen und Druckgraphik in Berlin. Vergleichbare Dokumentationen erstellte Menzel zu zwei weiteren Auftragsarbeiten, den „Werken Friedrichs des Großen" (1843–1849) und der Jubiläumsausgabe von Kleists „Der zerbrochene Krug" (erschienen 1877), ebenfalls im Kupferstichkabinett Berlin.

55 An Wilhelm Puhlmann in Potsdam. Berlin, 2. April 1862. Nationalgalerie Berlin, Archiv, Menzel-Nachlaß. Text abgedruckt bei Werner Schmidt: Adolph Menzel. Zeichnungen. Ausstellungskatalog Nationalgalerie Berlin 1955, Nr. 295. Die Zeichnung ist abgebildet in: Adolph Menzel. Ausstellungskatalog Nationalgalerie Berlin 1980, S. 50. Menzel gratulierte in diesem Brief Puhlmann zum 65. Geburtstag. Er war mit ihm seit 1840 eng befreundet, ihre Bekanntschaft begann 1836.

56 An Friedrich Pecht. Berlin, 1. Juli 1879. Kirstein: wie Anm. 7, S. 113.

Die Schlachtfelder von Königgrätz

57 Beta: wie Anm. 31, S. 113.

58 Theodor Fontane an Wilhelm Hertz. Berlin, 11. August 1866. Fontanes Briefe in zwei Bänden. Hrsg. von Gotthard Erler. Berlin 1980. Bd. 1, S. 325.

59   Theodor Storm an Theodor Fontane. 19. Dezember 1864.
      Zitiert nach: Bismarck – Preussen, Deutschland und Europa.
      Ausstellungskatalog Berlin 1990, Kat. Nr. 6/109.

60   An Krigars. Prag, 24. Juli 1866. Wolff: Briefe, S. 203f.
      aus „niedriger Häuser" … bezieht sich auf Goethes „Faust" I,
      Osterspaziergang.

61   Menzels Reisepaß von 1852. Märkisches Museum Berlin, XII
      1561. Die Eintragung im Paß lautet unter „Signalement":

      Alter: 36   Nase: spitz
      Größe: 1 Fuß acht Zoll   Mund: gewöhnlich
      Haar: blond   Kinn   ⎫
      Stirn: hoch   Gesicht ⎭ oval
      Augenbrauen: blond   Statur: klein
      Augen: blaugrau

62   Mitteilung an C. H. Arnold. 26. Dezember 1851. Wie Anm.
      21, S. 155.

63   An C. H. Arnold. Berlin, 27. Oktober 1852. Wolff: Briefe,
      S. 158.

64   Vergleiche mit anderen Porträts, die Menzel von seinem Bru-
      der Richard in auffällig großer Zahl gemacht hat, erhellen,
      daß es sich bei dem Dargestellten auf dem Skizzenbuchblatt
      der Kunsthalle Bremen um Menzels Bruder handelt. Auch
      macht das klassische Profil der Braut Elisabeth Preuß ihre
      Ähnlichkeit mit Bettina von Arnim einleuchtend, die man ihr
      nachsagte. Zwei Photographien beider lassen keinen Zweifel
      an ihrer Identität mit den Dargestellten der Zeichnung. Vgl.
      Helge Evers-Milner: Ein Frauenbild aus der Menzelzeit. Ber-
      lin 1941, S. 23 und Abb. S. 17.
      Richard Menzel hielt sich aus gesundheitlichen Gründen über
      längere Zeit auf dem Lande auf, etablierte sich aber nach sei-
      ner Heirat in Berlin. Er erwarb und betrieb mit seiner Frau das
      Photographische Kunst- und Verlagsinstitut Gustav Schauer,
      Friedrichstraße 188. Er starb am 14. Juli 1865, bereits ein Jahr
      nach der Hochzeit an einer Lungenlähmung. Vgl. Menzels
      Brief an den Maler Wilhelm Riefstahl. Berlin, 2. August 1865.
      Wolff: Briefe, S. 201.

65   An Krigars. Königinhof, 19. Juli 1866. Germanisches Nationalmuseum Nürnberg, ZRABK 447, unveröffentlicht.
Paul und *Wilhelm* könnten schlesische Verwandte Menzels
aus der Familie Martini sein.

66   An Krigars. Königinhof, 21. Juli 1866. Wolff: Briefe, S. 202f.
Die *Bälge* sind Margarethe und Otto, die 1860 und 1861
geborenen Kinder der Schwester Menzels, denen er das sogenannte Kinderalbum, eine Sammlung von 44 Deckfarbenblättern widmete.
Kleist-R. ist möglicherweise Hans Hugo von Kleist-Retzow
(1814–1892), preußischer Politiker und Mitbegründer der
„Neuen Preußischen [Kreuz]Zeitung".

67   An Heinrich Paul. Berlin, 31. Juli 1866. Wolff: Briefe, S. 204.
Über einen Vetter dieses Namens konnte Becker, vgl. Anm. 1,
nichts ermitteln, ebensowenig wie über den Vetter Albert
Paul, dem Menzel, als er das *Eisenwalzwerk* vorbereitete, für
eine gelieferte *vortreffliche instructive Zeichnung des Hüt-
tenbaus* dankte. (Wolff: Briefe, S. 217)

68   An Wilhelm Puhlmann. Berlin, 2. August 1866. Wolff: Briefe,
S. 205. *Ihr fuhrt herauf, Ihr fuhrt herum...* in Abwandlung
der 2. Strophe des Liedes von der „Ratt' im Kellernest", das
Brander in Auerbachs Keller singt; siehe Goethes „Faust I":
„Sie fuhr herum, sie fuhr heraus, und soff aus allen Pfützen..."
Von Menzels Interesse an Goethes „Faust" und der Vorliebe,
unter Freunden *stundenlang in Faustzitaten miteinander zu
reden,* berichtet Beta: wie Anm. 31, S. 111.

69   An Friedrich Pecht. 9. Dezember 1878. Kirstein: wie Anm. 7,
S. 108.

Das Eisenwalzwerk in Königshütte

70   Wie Anm. 69.

71   Alexander Gustav Adolf Graf von Schleinitz (1807–1885),
1858–61 preußischer Außenminister, später Minister des Königlichen Hauses. 1871 zeichnete Menzel eine Geselligkeit bei
Schleinitz, er gehört auch zu den Dargestellten im Krönungs-

bild. Im übrigen vermied Menzel Porträtähnlichkeiten in seinen Bildern der Hofgesellschaft.

72 Zu Bonhommé vgl.: Gazette des Beaux Arts. 55. 1913, S. 11 f.
u. S. 132 f.; Katalog der Exposition François Bonhommé dit
Le Forgeron. Ville de Nancy Musee du Fer. Jarville 1976 und
Gabriel P. Weisberg: The Realist Tradition. French Painting
and Drawing 1830–1900. Ausstellungskatalog The Cleve-
land Museum of Art 1980, S. 51 f. u. S. 71 ff.
Für sein Hochkirchbild, das 1862 schon auf der internationalen Kunstausstellung in London zu sehen gewesen war, erhielt
Menzel eine zweite Medaille.

73 Theodor Fontane an seine Frau Emilie am 15. Oktober 1869.
Theodor Fontane: Briefe. 4 Bde. Hrsg. von Kurt Schreinert
und Charlotte Jolles. Berlin 1968 ff., Bd. 1.

74 Friedrich Eggers: Über Stoffe für Genre- und Landschaftsma-
ler. In: Deutsches Kunstblatt. 3. 1852, S. 107–108.

75 Zu Fontanes Urteil über Eggers vgl. die Charakteristik in dem
ihm gewidmeten Kapitel in „Von Zwanzig bis Dreißig" mit
späteren Äußerungen in Briefen an seine Frau, in denen ein ge-
spanntes Verhältnis deutlich wird. Eggers und Menzel betref-
fend siehe den Brief vom 5. April 1880, Theodor Fontane:
Briefe: wie Anm. 73, Bd. 1, S. 120 f. Über den Menzel-Rezen-
senten Eggers schrieb Bruno Meyer: „Seit der Begründung des
‚Deutschen Kunstblattes' 1850 – hat Menzel, nun selber zu
Achill geworden, in Friedrich Eggers seinen Homer gefunden." Er würdigt Eggers' Menzel-Besprechungen, obwohl es
diesem bei seiner ästhetischen Voreingenommenheit oft
schwer geworden sei, Menzel richtig zu beurteilen. In: Zeitschrift für bildende Kunst. 11. 1876, S. 1–10.

76 Zur *Atelierwand* vgl. Werner Hofmann: Über Menzels ‚Atelierwand' in der Hamburger Kunsthalle. In: Beiträge zum
Problem des Stilpluralismus. München 1977, S. 141–148 und
Eckhard Schaar: Menzel – der Beobachter. Ausstellungskatalog Hamburger Kunsthalle 1982, S. 174 f.

77 Friedrich Eggers: Künstler und Werkstätten: Adolf Menzel. In:
Deutsches Kunstblatt. 5. 1854, S. 2.

78 Die Zeichnung von Eggers auf dem Sterbebett vom 11. August

1872 befindet sich in Prag in der Nationalgalerie; das Skizzenbuch Nr. 38 mit der Zeichnung nach der Maske im Kupferstichkabinett – Sammlung der Zeichnungen und Druckgraphik in Berlin. Menzel war ebenso wie Friedrich Drake bei den
Trauerfeierlichkeiten anwesend, die Eggers' Überführung in
seine Vaterstadt Rostock vorausgingen. Vgl. dazu Theodor
Fontane: Dr. Friedrich Eggers. Bericht über Trauerfeier und
Überführung. In: Erste Beilage zur Königlich Privilegierten
Berlinischen Zeitung. Nr. 191. Sonnabend, den 17. August
1872. Der exakte Nachweis, daß Drake die Totenmaske abnahm, muß noch erbracht werden. Aber die Vermutung liegt
nahe, daß sogar Menzel selbst dies veranlaßte, dessen Freundschaft zu Drake seit den Jugendjahren bestand.
Die im ersten Kapitel erwähnten Zeichnungen der preußischen Provinzen, die Menzel nach den Drakeschen Plastiken
anfertigte, entstanden sicher schon vor ihrer Anbringung in
Drakes Atelier. Sie sind der einzige Nachweis für die Qualität
der Gipsfiguren, die bei den folgenden Umbauten des Weißen
Saales 1891–1895 zerstört wurden.

79 Auf die Beziehungen von Eggers und Meyerheim zu Menzels
    Eisenwalzwerk wurde erstmals hingewiesen in: Marie Rie-
    mann-Reyher: Moderne Cyklopen, 100 Jahre ‚Eisenwalz-
    werk‘ von Adolph von Menzel. Ausstellungskatalog Kupfer-
    stichkabinett und Sammlung der Zeichnungen Berlin 1976.
    Eine Studie zu Eggers und Menzel ist in Vorbereitung.

80 An Paul Meyerheim. Berlin, 22. Februar 1875. Wolff: Briefe,
    S. 218.

81 Beta: wie Anm. 31, S. 55 u. S. 109.

82 Walter Benjamin: Das Paris des Second Empire bei Baude-
    laire. Berlin und Weimar 1971, S. 107 f.

83 Brief-Brouillon Jordans. Nationalgalerie Berlin, Archiv, Spe-
    cialia A. Menzel 1, Journal Nr. 169/75.

84 An Max Jordan. April 1879. Nationalgalerie Berlin, Archiv,
    Specialia A. Menzel 1, E 1987/1974.

85   An Adolf Schöll. Berlin, 27. September 1859. Deetjen: wie
     Anm. 23, S. 35. Der Archäologe und Kunsthistoriker Schöll
     gehörte zu Menzels langjährigen Freunden aus dem Arnold-
     Kreis in Berlin. Er nahm 1843 einen Ruf nach Weimar an, wo
     er seit 1861 Direktor der Großherzoglichen Bibliothek war.

86   An Emilie Krigar-Menzel. Splügen, 16. August 1882. Auk-
     tionskatalog Stargardt. Berlin 1938, Nr. 399.

87   An Krigar-Menzels. Wien, 8. und 10. August 1871. Wolff:
     Briefe, S. 215 f. *Die Cismoll:* Ludwig von Beethoven op. 27
     Nr. 2, die sogenannte Mondscheinsonate.

88   Abgebildet bei Kirstein: wie Anm. 7, S. 81. Verbleib unbe-
     kannt, vgl. auch Anm. 5.

89   Theodor Fontane an Henriette von Merckel. Berlin, 13. Juli
     [1867]. Wie Anm. 29, Bd. 2, S. 231.

90   Hugo von Tschudi: Adolf Menzel. In: Pan. 2. 1896 (1),
     S. 41–44. Äußerungen Menzels zum Vergessensein vgl. Beta:
     wie Anm. 31, S. 54. Vgl. dazu auch: Marie Riemann-Reyher:
     ‚Courage of Vision‘. Traces of Alienation and Loneliness in
     Menzel's Work. In: Adolph Menzel. Ausstellungskatalog
     Alexandria, Virginia 1990, S. 41–52.

91   Theodor Fontane an Emilie Fontane. Thale, 27. Juli 1883:
     „Krigars trostlos! In solcher Atmosphäre lebt nun eine euro-
     päische Berühmtheit. Er muß schließlich nicht allzu sehr dar-
     unter leiden, sonst könnt er's nicht aushalten." Derselbe an
     den „Tunnel"-Freund Karl Zöllner. Berlin, 19. August 1889.
     Wie Anm. 58, Bd. 2, S. 109 u. S. 229 f. 1898 erhielt Menzel mit
     der Ernennung zum Ritter des Schwarzen Adler-Ordens die
     höchste Auszeichnung Preußens, ihr folgte die Erhebung in
     den erblichen Adelsstand.

92   Thomas Mann: Pariser Rechenschaft (1926). In: Thomas
     Mann: Zeit und Werk. Berlin und Weimar 1965, S. 95.

Zu dieser Ausgabe

Mit Adolph Menzel wird zum ersten Mal in dieser Reihe ein bildender Künstler vorgestellt. Seinen Spuren nach Osten zu folgen und den Eindrücken, die sie in seinem Werk hinterließen, bot die Möglichkeit, zugleich seinen Lebens- und Kunstweg zu schildern.

Da Menzel eigentlich kein Briefeschreiber war – auch einen begonnenen Lebensbericht gab er nach wenigen Sätzen wieder auf – und Briefe überwiegend in der Jugendzeit durch die Korrespondenz mit den Freunden Wilhelm Puhlmann und Carl Heinrich Arnold dichter gesät waren, bilden seine Kunstwerke den gewichtigeren Teil innerhalb dieser Darstellung. Menzels Briefe sind weit verstreut und nur zu einem geringen Teil in der bisher einzigen Ausgabe von Hans Wolff von 1914 greifbar. Eine umfassendere Herausgabe, die notwendig erscheint, ist vorgesehen. Menzel hat sicher kaum an die Veröffentlichung seiner Briefe gedacht. Diese entbehren fast gänzlich langer, gedanklicher Abhandlungen, sondern bleiben auf sachliche, aufrichtige, oft von Witz und Scharfsinn geprägte Mitteilungen beschränkt. Jedoch verraten sie wenig von Menzel selbst wie auch in seinem immensen zeichnerischen Werk Persönliches sich nur auf sehr sublime Weise offenbart. Die hier herangezogenen, zum Teil noch unveröffentlichten Blätter wurden überwiegend aus der Fülle des Nachlasses ausgewählt, der sich in der Sammlung der Zeichnungen im Kupferstichkabinett Berlin befindet.

Erstmalig wird hier Menzels Beziehung zum Osten Deutschlands aufgezeigt, die sich am augenscheinlichsten in seinen Reiseskizzen dokumentiert. Im Hinblick auf dieses Thema konnte nicht allein die Qualität der Blätter ausschlaggebendes Kriterium sein, sondern es sollte, wie Menzel es vielleicht ausgedrückt hätte, das Wahrhaftige im Charakteristischen gefunden werden.

Abbildungsverzeichnis

Die Titel der Gemälde und Zeichnungen sind ebenso wie die Briefzitate Menzels kursiv gedruckt.

Zeichnungen ohne Besitzangabe befinden sich in der Sammlung der Zeichnungen des Kupferstichkabinetts – Staatliche Museen zu Berlin Preußischer Kulturbesitz.

Zeichnungen ohne Angabe der Technik sind in Bleistift ausgeführt.

Die Maßangabe der Skizzenbuchblätter bezieht sich auf das Format des Skizzenbuches (Skb.).

11 *Die Provinz Schlesien.* 1844
Kreide, weiß gehöht, auf Karton
56,8 × 45,8 cm
Sammlung Georg Schäfer, Euerbach

15 *Die Hand des Vaters.* 1832
225 × 136 mm
N993

18 *Die Mutter auf dem Sofa.* 1846
208 × 123 mm
Skb. 7, S. 24

23 *Kreisgerichtsrat Karl Martini.* 1844
226 × 143 mm
Nr. 1746

24 *Hugo Martini.* 1844
198 × 150 mm
Nr. 1749

25 *Menzel und seine Familie am Klavier.* 1851
225 × 285 mm
Nr. 1744

27 *Ansicht von Frankfurt an der Oder.* 1844
170 × 101 mm
Skb. 9, S. 28

28 *Ansicht von Breslau mit Sand- und Kreuzkirche.* 1844
170 × 101 mm
Skb. 9, S. 80

30 *Die Kreuzkirche in Breslau.* 1844
170 × 101 mm
Skb. 9, S. 82

31 *Chor der Klosterkirche auf der Sandinsel in Breslau.* 1844
170 × 101 mm
Skb. 9, S. 84/85

32 *Kirchenruine.* 1844
170 × 101 mm
Skb. 9, S. 86

33 *Häuser in einer kleinen Stadt.* 1844
170 × 101 mm
Skb. 9, S. 72

34 *Landschaft bei Jauer.* 1844
210 × 268 mm
Kunstmuseum St. Gallen

35 *Turm der katholischen Pfarrkirche in Jauer und
Architekturdetails.* 1844
270 × 212 mm
Nationalmuseum Warschau

37 *Katholische Pfarrkirche St. Martin in Jauer.* 1844
270 × 212 mm
N 1138

38 *Katholische Pfarrkirche in Jauer von Nordosten.* 1844
212 × 270 mm
N 1134

39 *Interieur mit Kanzel der Friedenskirche in Jauer.* 1844
270 × 212 mm
N 2659

40 *Gestühl und Tür in der Friedenskirche in Jauer.* 1844
213 × 273 mm
N 1127

41 *Barocke Grabsteine eines Kirchhofes in Jauer.* 1844
270 × 211 mm
N 1139

42 *Brücke bei Striegau.* 1844
212 × 270 mm
Graphische Sammlung Albertina Wien

43 *Katholische Pfarrkirche an der Stadtmauer in Striegau.* 1844
210 × 269 mm
Staatliche Graphische Sammlung München

45 *Ruine des Galgens in Groß Rosen.* 1844
270 × 112 mm
N 4267

49 *Gotisches Giebelhaus in Stralsund.* 1851
155 × 102 mm
Skb. 11, S. 64

51 *Passagiere auf dem Dampfboot nach Rügen.* 1851
155 × 102 mm
Skb. 11, S. 132

52 *Ostseeküste bei Rügen.* 1851
155 × 102 mm
Skb. 11, S. 148

54 *Gotische Dorfkirche in Middelhagen.* 1851
155 × 102 mm
Skb. 11, S. 120

55 *Schilfgedecktes Haus auf Rügen.* 1851
155 × 102 mm
Skb. 11, S. 122/123

56 *Ein Kuhstall auf Mönchgut.* 1851
155 × 102 mm
Skb. 11, S. 124/125

57 *Kreideklippen auf Rügen.* 1851
155 × 102 mm
Skb. 11, S. 96

58 *Leuchtturm auf Kap Arkona.* 1851
155 × 102 mm
Skb. 11, S. 178

59 *Baum und Häuser bei Göhren*. 1851
155 × 102 mm
Skb. 11, S. 116/117

60 *Hofecke mit altem Haus in Stettin*. 1851
155 × 102 mm
Skb. 11, S. 50/51

61 *Wallanlagen vor Stettin*. 1851
155 × 102 mm
Skb. 11, S. 54

62 *Dächer und gotische Giebelfassade hinter einem Baum in Stettin*. 1851
155 × 102 mm
Skb. 11, S. 52/53

63 *Hafengelände mit Kähnen*. 1851
130 × 205 mm
Nationalmuseum Warschau

66 *Modellstudie zu einem Hochmeister*. 1846
Zum Wandbild in der Marienburg
Kreide, weiß gehöht
458 × 276 mm
N 1426

74 *Maler auf Gerüsten im Sommerremter der Marienburg*. 1855
110 × 184 mm
N 151

75 *Die Hochmeister Siegfried von Feuchtwangen und Luderus von Braunschweig*. 1846
Öl auf Leinwand
93,5 × 78,5 cm
Nationalgalerie Berlin

76 *Hochmeisterpalast und Bauarbeiten auf der Marienburg*. 1855
146 × 81 mm
Skb. 14, S. 80/81

78 *Abendstimmung auf der Marienburg.* 1897
Aquarell- und Deckfarben
264 × 337 mm
N 4596

79 *Studien nach Arbeitern.* 1897
159 × 99 mm
Skb. 71, S. 68/69

82 *Huldigung der Schlesischen Stände vor Friedrich II.*
im Fürstensaal des Rathauses in Breslau 1741. 1855
Ölskizze auf Papier
31,3 × 44,5 cm
Nationalgalerie Berlin

85 *Modellstudie zu Friedrich II. und Joseph II.* 1855/57
Zum Gemälde *Begegnung Friedrichs II. mit Joseph II. in Neisse*
1769. 1857
Kreide, weiß gehöht
287 × 252 mm
Kat. 768

88 *Begegnung Friedrichs II. mit Joseph II. im bischöflichen Palais*
in Neisse 1769. 1855/57
Ölskizze auf Papier
28,0 × 36,0 cm
Nationalgalerie Berlin

91 *Das Schloß in Lissa.* 1856
Deckfarben
114 × 158 mm
Kat. 1520

93 *Marktplatz in Neisse.* 1856
205 × 129 mm
N 3239

94 *Marktfrauen in Neisse.* 1856
116 × 188 mm
Nationalmuseum Warschau

96 *Gewölbte Halle im Kloster zu Kamenz.* 1856
129 × 204 mm
N 2663

97 *Innenraum der Klosterkirche in Grüssau.* 1856
204 × 129 mm
N 3070

98 *Schmiedeeisernes Tor im Kloster Neuzelle.* 1869
129 × 196 mm
Skb. 33, S. 165/166

99 *Tor neben der Klosterkirche in Neuzelle.* 1869
129 × 196 mm
Skb. 33, S. 164

100 *Klostergebäude in Neuzelle.* 1869
129 × 196 mm
Skb. 33, S. 167/168

101 *Der Klostergarten in Neuzelle.* 1869
Bleistift, Pinsel, Tusche, laviert
129 × 196 mm
Skb. 33, S. 169/170

105 *Bon soir, Messieurs! (Friedrich der Große im Schloß von Lissa 1757).* 1856
Ölskizze auf Papier
32,6 × 25,6 cm
Nationalgalerie Berlin

106 *Saal im Schloß von Lissa.* 1856
Deckfarben
372 × 265 mm
Kat. 1556

107 *Die Marienburg am Ufer der Nogat.* 1855
Aquarell
266 × 373 mm
Nr. 1738

108 *Innenraum der Schloßkirche in Königsberg.* 1861
Erster Entwurf zum Gemälde der Krönung Wilhelms I.
Deckfarben
226 × 289 mm
Kat. 841

109 *Der Judenfriedhof in Prag.* Um 1852/53
Öl auf Leinwand
69,5 × 57,3 cm
Nationalgalerie Berlin

110 *In der Altneuschul-Synagoge in Prag.* 1866
Deckfarben
300 × 238 mm
Sammlung Georg Schäfer, Euerbach

111 *Drei gefallene Soldaten in einem Schuppen in Königinhof.*
1866
Aquarell über Bleistift
185 × 271 mm
N 1741

112 *Selbstbildnis mit Arbeiter am Dampfhammer.* 1872
Deckfarben
160 × 125 mm
Museum der bildenden Künste, Leipzig

121 *Im Schloßhof in Königsberg.* 1861
156 × 95 mm
N 3956

123 *Abbau der Krönungs-Dekoration in der Schloßkirche
zu Königsberg.* 1861
152 × 71 mm
Skizzenbuch
Kunsthalle Bremen

127 *Der Pulverturm in Prag.* 1866
135 × 76 mm
Skb. 29, S. 34

130 *Grabsteine auf dem Judenfriedhof in Prag.* 1852
130 × 206 mm
N 749

131 *In der Altneuschul-Synagoge in Prag.* 1852
131 × 78 mm
Skb. 13, S. 76

132 *Tür der Altneuschul-Synagoge in Prag.* 1866
Deckfarben
135 × 76 mm
Skb. 29, S. 25/26

133 *Leuchter der Altneuschul-Synagoge in Prag.* 1866
135 × 76 mm
Skb. 29, S. 23

135 *Schlafender Mann im Eisenbahncoupé.* 1864
137 × 83 mm
Skb. 25, S. 139

136 *Reisende an der Bahnstation.* Um 1864
170 × 213 mm
Nr. 1785

137 *Hochzeit Richard Menzels.* 1864
137 × 79 mm
Skizzenbuch
Kunsthalle Bremen

138 *Pilger am Wallfahrtsort in Wartha.* 1864
137 × 83 mm
Skb. 25, S. 141

139 *Ofenecke in einer böhmischen Wirtshausstube.* 1864
150 × 89 mm
Skb. 26, S. 1

140 *Das Kloster in Braunau.* 1864
150 × 89 mm
Skb. 26, S. 6/7

142 *Gotische Kirchenfenster und Madonnenstatue in Görlitz.*
1866
135 × 76 mm
Skb. 29, S. 117/118

143 *Barocker Kirchengiebel in Horschitz.* 1866
135 × 76 mm
Skb. 29, S. 103

145 *Soldaten in Königinhof.* 1866
128 × 203 mm
N 3694

146 *Wäscherinnen im Lazarett in Königinhof.* 1866
274 × 191 mm
N 1739

147 *Verwundete und Schwester im Lazarett in Königinhof.* 1866
Bleistift, aquarelliert
200 × 128 mm
N 3932

148 *Verwundete Soldaten im Lazarett in Königinhof.* 1866
203 × 128 mm
N 3930

149 *Zwei auf Stroh liegende gefallene Soldaten.* 1866
Aquarell über Bleistift
179 × 272 mm
N 1740

151 *Schlafender Mann im Eisenbahnabteil.* 1866
135 × 76 mm
Skb. 29, S. 19/20

161 *Tagebau in Königshütte.* 1872
222 × 304 mm
Inv. Nr. 9/57

163 *Hochofenlandschaft mit brennenden Schloten.* 1872
122 × 191 mm
N 3195

167 *Hochöfen in Königshütte.* 1872
190 × 121 mm
N 3319

168 *Hochofen mit Rohrleitung.* 1872
223 × 304 mm
N 1389

171 *Ein Arbeiter beim Walzen in der Fabrikhalle.* 1872
238 × 304 mm
N 155

180 *Indianerzelt und Caféhausterrasse auf der Weltausstellung
in Wien.* 1873
138 × 82 mm
Skb. 42, S. 83/84

181 *Stephansdom in Wien, am Stock-im-Eisen-Platz.* 1873
138 × 82 mm
Skb. 42, S. 83/84

182 *Dachluke in Eger.* 1873
138 × 82 mm
Skb. 42, S. 97/98

183 *Kniender Ministrant und Notizen über den Besuch
in Beethovens Sterbezimmer.* 1874
137 × 84 mm
Skb. 46, S. 81/82

185 *Stiegengasse in Karlsbad.* 1893
311 × 229 mm
N 170

186 *Portaltreppe der Maria-Magdalenen Kirche in Karlsbad.*
1894
130 × 209 mm
N 637

187 *Röhrenbrunnen mit Bassin.* 1894
211 × 130 mm
N 636

189 *Kirchgänger nach der Messe.* 1903
89 × 158 mm
Skb. 77, S. 49

190 *Drei Kruzifixe.* 1903
89 × 158 mm
Skb. 77, S. 50

191 *Selbstbildnis dreiundachtzigjährig und schemenhafte Figur mit Federhut.* 1899
159 × 199 mm
Skb. 71, S. 4/5

192 *Kopf eines bärtigen Mannes.* 1903
89 × 158 mm
Skb. 77, S. 7

193 *Letzte Seite im Skizzenbuch, mit Notiz: Ad Menzel Karlsbad 6 August 1903*
89 × 158 mm
Skb. 77, S. 52

Personenregister

226

Merckel, Wilhelm von   68
Schlesisch-Friedland 1803–1861 Berlin
Neffe des Oberpräsidenten von Schlesien, Friedrich
Theodor von Merckel. Kammergerichtsrat und
Schriftsteller in Berlin. 1837 geadelt. Gehörte zur
konservativ-oppositionellen „Wochenblatt-Partei"
um Bethmann-Hollweg. Freund und Korrespon-
denzpartner Fontanes. „Tunnel"- und „Rütli"-
Mitglied („Immermann")

Meyerheim, Eduard   165
Danzig 1808–1879 Berlin
Lithograph, Bildnis- und Genremaler. Entstammt
einer Danziger Malerfamilie. Erster Unterricht bei
seinem Vater Karl Friedrich, seit 1830 in Berlin bei
Johann Gottfried Schadow. Mit Menzel befreundet

Meyerheim, Paul   165, 166,
Berlin 1842–1915 Berlin   169
Tier-, Bildnis- und Genremaler, Holzschneider und
Lithograph. Sohn und Schüler Eduard Meyerheims,
1857–60 Schüler, seit 1887 Lehrer der Berliner
Akademie. Einfluß der Schule von Barbizon und
Menzels, mit dem er befreundet war

Meyerhöfer   48
Organist in Berlin aus Böhmen

Mozart, Wolfgang Amadeus   184
Salzburg 1756–1791 Wien

Pächter, Hermann   46, 157
Inhaber der Kunsthandlung R. Wagner in Berlin in
der Dessauer Straße. Seine Vorliebe galt japanischer
Kunst. Seit 1880 Menzels Händler

Pecht, Friedrich   87, 89,
Konstanz 1814–1903 München   103, 124,
Maler und Kunstschriftsteller   153

Photonachweis

Die Bildvorlagen wurden von folgenden Photoateliers erstellt:

Jörg P. Anders   88, 161, 167
Gunter Lepkowski   75, 82, 105, 109 und sämtliche Zeichnungen des Kupferstichkabinetts – Sammlung der Zeichnungen und Druckgraphik der Staatlichen Museen zu Berlin Preußischer Kulturbesitz;
ferner wurden die Bildvorlagen freundlicherweise von folgenden Museen und Sammlungen zur Verfügung gestellt:

Graphische Sammlung Albertina Wien   42
Kunsthalle Bremen   123, 137
Kunstmuseum St. Gallen   34
Museum der bildenden Künste Leipzig   112
Nationalmuseum Warschau   35, 63, 94
Sammlung Georg Schäfer, Euerbach   8, 9, 10, 11, 110
Staatliche Graphische Sammlung München   43

Inhalt